Inhalt

AF198167

Uwe Schimunek

Schlösser in Thüringen

Die 30 schönsten Schlösser, Burgen
und Klöster

Jaron Verlag

Für die freundliche Unterstützung danken wir der Stiftung
Thüringer Schlösser und Gärten

Bildquellen:
S. 41 (2): Schloßmuseum Arnstadt
S. 114, 118 unten, 119, 124, 125, 126 unten, 127, 134, 137:
Klassik Stiftung Weimar
S. 146: Stiftung Leuchtenburg, Foto: Daniel Suppe
Alle weiteren aktuellen Fotos: Uwe Schimunek

Originalausgabe
1. Auflage 2020
© 2020 Jaron Verlag GmbH, Berlin
www.jaron-verlag.de
Umschlaggestaltung: Bauer+Möhring, Berlin, unter Verwendung eines Fotos
von Uwe Schimunek (Rokokoschloss in Dornburg)
Satz und Layout: Prill Partners | producing, Barcelona
Lithografie: Bild1Druck GmbH, Berlin
Karten: Matthias Frach, Berlin
Druck und Bindung: Westermann Druck Zwickau GmbH, Zwickau

ISBN 978-3-89773-949-9

Einleitung

Thüringens Geschichte gilt als besonders drastisches Beispiel für die jahrhundertelange Kleinstaaterei in den deutschen Landen. Immer wieder teilten sich die Grafschaften, Herzog- und Fürstentümer neu auf – durch Erbschaft, Heirat, Verkauf, Pfändung, mitunter auch Krieg. In diesem Buch über die interessantesten thüringischen Schlösser, Klöster und Burgen haben wir es mit vielen Orten zu tun, in denen die Regentschaft wieder und wieder wechselte – manche wurden sogar von verschiedenen Herrschern gleichzeitig regiert. Alte Landkarten wirken fast so, als hätte jemand zwischen den großen Ländern Bayern, Sachsen, Preußen und Hessen bunte Farbspritzer verteilt, wo heute der Freistaat Thüringen liegt.

Verschiedene bedeutende Herrscherhäuser haben die Thüringer Geschichte bestimmt. Da wären etwa die Wettiner, benannt nach der Burg Wettin bei Halle an der Saale. Das alte Hochadelsgeschlecht spaltete sich im 15. Jahrhundert in die albertinische Linie, die vornehmlich auf dem Gebiet des heutigen Sachsen herrschte, und die ernestinische Linie, die fortan weite Teile Thüringens prägte. Im Laufe der Jahrhunderte wurden die Gebiete der Ernestiner immer kleinteiliger, bis nach einer Neugliederung im 19. Jahrhundert folgende Länder übrig blieben: das Großherzogtum Sachsen (Weimar-Eisenach) sowie die Herzogtümer Sachsen-Altenburg, Sachsen-Meiningen und Sachsen-Coburg und Gotha.

Große und verstreute Teile Thüringens beherrschten die Schwarzburger, benannt nach der Schwarzburg im Thüringer

Wald. Nach einer Teilung gehörten Ländereien vom Norden Thüringens bis zum Thüringer Wald zu den Grafschaften und späteren Fürstentümern Schwarzburg-Rudolstadt und Schwarzburg-Sondershausen.

Vornehmlich im Osten Thüringens angesiedelt, geht das traditionsreiche Haus Reuß auf die Vögte zurück, die der Region bis heute den Namen Vogtland geben. Durch Erbteilung entstanden die Linien Reuß älterer Linie, Reuß mittlerer Linie und Reuß jüngerer Linie. Während die mittlere Linie bald ausstarb, erfuhren die beiden anderen eine ganze Reihe von Teilungen, deren Resultat teilweise kleinste Herrschaftsgebiete waren.

Daneben wurden einige Gebiete Thüringens unter anderem auch von preußischen und hessischen Herrschern sowie vom Bistum Mainz regiert. Viele Herrschaftsgebiete waren nicht zusammenhängend, was eine einzigartige Dichte an Residenzen und Nebenresidenzen zur Folge hatte. Hinzu kommen unzählige Landsitze sowie Lust- und Jagdschlösser der Adligen. Nicht wenige der Bauten blickten vor ihrer Nutzung als Schloss auf eine lange Geschichte als Festung zurück, die mitunter vor über tausend Jahren begann. Insgesamt geht die Zahl der heute noch existierenden Burgen und Schlösser in Thüringen in die Hunderte.

So war die Auswahl, die für diesen Reiseführer zu treffen war, wahrlich nicht einfach. Es sollten natürlich die geschichtsträchtigsten Orte wie die zum UNESCO-Weltkulturerbe gehörende Wartburg sowie die traditionsreichen Residenzschlösser in Gotha, Weimar, Rudolstadt oder Greiz berücksichtigt werden, denn gerade die touristischen Hot-

Ernst August I. (1688–1748), Herzog von Sachsen-Weimar, ab 1741 von Sachsen-Weimar-Eisenach, der ernestinischen Linie des Hauses Wettin entstammend (unbekannten Künstler, vor 1740)

spots entlang der Bundesautobahn A 4 – Eisenach, Gotha, Erfurt, Weimar, Jena, Gera und ihre Umgebungen – gehören selbstverständlich in dieses Buch. Doch darüber hinaus soll auch den Lesern Rechnung getragen werden, die einen Schlossbesuch gern mit einer Wanderung verbinden. Daher wurden auch historische Anlagen ausgewählt, weil sie auf Wanderwegen im herrlichen Thüringer Wald, im Saaletal, im idyllischen Schiefergebirge, im Thüringer Vogtland, in der Hainleite und in anderen der landschaftlich bezaubernden Ecken des Landes zu erreichen sind.

So versucht dieser Reiseführer der Thüringer Vielfalt so gut wie möglich gerecht zu werden – ohne Anspruch auf Vollständigkeit. In mehreren Fällen werden eng miteinander verbundene Burgen oder Schlösser auch gemeinsam in einem Kapitel behandelt. Das Kapitel über die Burg Gleichen beispielsweise behandelt auch die Mühlburg und die Wachsenburg, schließlich wird das Ensemble auch „Die Drei Gleichen" genannt. Und in den Kapiteln über Greiz und Kranichfeld erfahren die benachbarten Schlösser ebenfalls eine angemessene Würdigung. Manchmal ist es aus heutiger Sicht geradezu unglaublich, wie eng Residenzen oder Adelssitze beieinanderliegen konnten.

In vielen der Burgen, Klöster und Schlösser wird deren Vergangenheit heutzutage in modernen Museen präsentiert. Dabei sind nicht selten die Ausstellungsräume selbst riesige Exponate, die faszinieren. Oft werden die prächtigen Festsäle in den alten Gemäuern von den Eigentümern, Verwaltern oder aber von engagierten Vereinen für Kulturveranstaltungen genutzt. Auch das spielte eine Rolle bei der Auswahl der Objekte.

Etliche historische Persönlichkeiten tauchen in verschiedenen Kapiteln auf. Da ist natürlich der deutsche Dichter und Universalgelehrte Johann Wolfgang von Goethe, der an vielen thüringischen Orten gelebt, geschrieben und geforscht hat. Bei manchen Bauten war er gar an der Planung beteiligt. Heute finden sich in mehreren Schlössern museale Orte, die an Goethes Wirken erinnern. Auch Musiker wie Johannes Brahms oder Franz Liszt haben in Thüringen ihre Spuren hinterlassen. Der Theologe Martin Luther hat hier Geschichte geschrieben, als er die Bibel bei einem längeren Aufenthalt auf der Wartburg übersetzte. Unter den vielen Regenten in den zahlreichen Ländern gab es im Laufe der Jahrhunderte Verschwender und Kleingeister – aber eben auch weitsichtige Staatsmänner und unermüdliche Förderer der Kultur. Viele von ihnen werden Ihnen auf den folgenden Seiten vorgestellt – und natürlich auch die Legenden und Sagen, die sich um sie ranken.

So lädt dieses Buch Sie ein zu einer Entdeckungsreise durch eines der schönsten und abwechslungsreichsten Länder Deutschlands und zugleich durch dessen aufregende Geschichte.

Südthüringen und Thüringer Wald

Veste Heldburg

Ganz im Süden Thüringens ragt das Heldburger Land in den benachbarten Freistaat Bayern hinein. Die abgeschiedene Lage ist ideal für Wanderer, die Ruhe und ursprüngliche Natur suchen. Inmitten dieses idyllischen Landstrichs steht eine Burg, die auf eine leuchtende Geschichte zurückblickt.

1 Anfahrt
Bhf. Hildburghausen,
dann Bus 216, 217,
20 Min. Fußweg
Per Auto: B 303, B 279
oder B 89, dann L 1134

Die vermutlich im 12. Jahrhundert errichtete Veste Heldburg hatte im späten Mittelalter die Aufgabe, ihren Nachbarburgen bei Gefahr Lichtsignale zu senden. So heißt es in einem Dokument: „Wenn man ein Feuerpfann aufs Schloß Heldburg aufhängt, wollen die Wächter dem Schloß zu Coburg aufzumerken haben, daß der Brand oder Zugriff der Würzburger gemeint und angezeigt sei."

Diese Funktion brachte der Veste vermutlich den Namen „Fränkische Leuchte" ein. Zur Erinnerung an diese historische Tradition wurde im ausgehenden 19. Jahrhundert ein Feuerkorb an den Fenstererker des Turms angebracht, der dort – mittlerweile erneuert – auch heute noch zu sehen ist.

Bis zu diesem Zeitpunkt hatte die Veste schon so

Der **Feuerkorb** wurde Ende des 19. Jahrhunderts am Turm der Veste Heldburg angebracht

Kurfürst **Ernst** von Sachsen (1441–1486) übernahm nach Teilung der wettinischen Lande die Burg (Lucas Cranach d. J., um 1580)

manchen Besitzer erlebt. Ihre erste urkundliche Erwähnung stammt aus dem Jahr 1317, zu jenem Zeitpunkt richteten die Henneberger Grafen dort einen Amtssitz ein. Wenig später ging die Burg in den Besitz des Burggrafen Albrecht von Nürnberg über, und noch im selben Jahrhundert gelangte sie durch Heirat an die Wettiner.

Aus dem 14. Jahrhundert stammen auch die ältesten noch erhaltenen Gebäudeteile auf der Veste Heldburg. Im Bereich des Kommandantenbaus in der Südwestecke der Anlage, wo die ursprüngliche Kernburg stand, führt bis heute eine Wendeltreppe durch den Hausmannsturm. Im Untergeschoss lagen ursprünglich die Hofstube und der Marstall, im Hauptgeschoss die Amtsstube. Im ersten Obergeschoss befanden sich vermutlich die Gemächer.

1485 fiel die Burg an den Kurfürsten Ernst von Sachsen, den Stammvater der ernestinischen Linie. Bald wurde die Burg zum Vorposten gegen die katholischen Territorien im Süden ausgebaut, infolgedessen fanden zahlreiche Um- und Neubauten statt. Herzog Johann Friedrich II. von Sachsen ließ 1561 bis 1564 den prächtigen Französischen Bau errichten. Er sollte den Rang des Herzogs und dessen Anspruch auf die 1547 im Schmalkaldischen Krieg verlorene Kurwürde unterstreichen.

Nach weiteren Besitzerwechseln aufgrund von Erbteilungen kam die Veste ab 1675 an das neu ge-

Herzog **Georg II.** von Sachsen-Meiningen (1826–1914) erneuerte die Veste im historistischen Stil (Die Gartenlaube, 1896)

	Bau der Veste				Errichtung des Französischen Baus		
			Übernahme durch den Kurfürsten Ernst von Sachsen				
		Erste urkundliche Erwähnung					
1100	1200	1300	1317	1400	1485	1500	1561–1564

Für Freifrau **Helene von Heldburg** (1839–1923; Franz von Lenbach, um 1880) wurden einige Räume in der **Veste Heldburg** (Die Gartenlaube, 1872) umgestaltet

gründete Herzogtum Sachsen-Hildburghausen und diente zunächst als Hauptresidenz. Von 1712 bis 1720 gab es Bestrebungen, die Burg zur Festung auszubauen, die jedoch nicht vollendet wurden. 1826 ging die Anlage an das Herzogtum Sachsen-Meiningen über. Erste restauratorische Maßnahmen erfolgten. Größere Umbauarbeiten begannen jedoch erst unter der Regentschaft des berühmten Theaterherzogs Georg II. von Sachsen-Meiningen, der ab 1866 regierte.

Inspiriert von der Burgenromantik jener Zeit, ließ der Herzog den Fachwerkaufbau am Jungfernbau entfernen, was dem Gebäude wieder eine mittelalterliche Anmutung gab. Zudem wurden Türme aufgestockt, und der zinnenbewehrte Bergfried bekam ein Kegeldach. Doch der Herzog kümmerte sich auch um die Innenausstattung etwa der Beletage, des Großen

Übernahme durch das Herzogtum
Sachsen-Hildburghausen

Bau der Freifrauenkemenate

Eröffnung des Deutschen
Burgenmuseums

Übernahme durch das
Herzogtum Sachsen-Meiningen

| 1600 | 1675 | 1700 | 1800 | 1826 | 1895 | 1900 | 2000 | 2016 |

Saals und der Gemächer im Französischen Bau. Für sich und seine dritte Gemahlin, die zur Helene Freifrau von Heldburg geadelte Schauspielerin Ellen Franz, ließ er Wohnräume im Stil der Neorenaissance und der Neogotik ausstatten.

Bis heute ist insbesondere die nach der Mimin benannte Freifrauenkemenate, für dessen Ausbau 1895 der Schweizer Architekt Emanuel La Roche verantwortlich zeichnete, ein Besuchermagnet. Auch als „Gotisches Zimmer" bezeichnet, diente es als Gesellschaftsraum und wurde von dem kunstsinnigen Herrscherpaar für Treffen mit berühmten Persönlichkeiten genutzt. Unter anderem trafen der Herzog und seine Gattin hier Johannes Brahms, Franz von Lenbach, Ernst Haeckel und Arthur Fitger. Letzterer schuf 1899 an einem frei stehenden Giebel des Kom-

Die **Freifrauenkemenate**
erinnert an Helene von
Heldburg

Öffnungszeiten
Apr.–Okt.
Di–So 10–17 Uhr
Nov.–Dez., März
Di–So 10–16 Uhr
Jan.–Feb.
Sa, So 10–16 Uhr
Führungen nach Vereinbarung

mandantenbaus ein großformatiges Wandbild des Drachentöters St. Georg.

In seinem Testament legte Herzog Georg II. fest, dass seine nicht standesgemäße Gemahlin auch nach seinem Tod 1914 die Veste Heldburg nutzen durfte. Auch gab er seinem Wunsch Ausdruck, dass „diese Feste in ihrem Zustand auch in der fernen Zukunft erhalten bleibe und zum Besten der Stadt Heldburg und der Umgebung einen Anziehungspunkt für fremde Besucher bilde". Bis sich diese Hoffnung erfüllte, sollte allerdings noch einige Zeit ins abgelegene Land gehen.

Mittelalterliches Flair verbreitet der Burghof

Einblicke in das historische Burgleben vermittelt das **Deutsche Burgenmuseum**

Bis 1945 blieb die Veste Heldburg im herzoglichen Besitz, dann wurden die Adeligen enteignet. Zunächst zogen das Amtsgericht und die Kommandantur der Sowjettruppen auf die Veste, später wurde diese über Jahrzehnte als Kinderheim genutzt.

1982 kam es zu einem verheerenden Großbrand. Die Feuerwehr verhinderte zwar das Schlimmste, der Französische Bau wurde jedoch stark beschädigt, und die Innenausstattung ging gänzlich in Flammen auf. Für Jahre blieb das geschichtsträchtige Gebäude eine offene Ruine. Erst nach dem Ende der DDR wurde mit dem Wiederaufbau begonnen. Inzwischen gehört die Veste Heldburg zur Thüringer Schlösserstiftung und zieht zahlreiche Besucher an.

Zu ihrer Beliebtheit trägt bei, dass hier 2016 das Deutsche Burgenmuseum eingerichtet wurde. Als erstes Museum Europas widmet es sich der Geschichte und Kulturgeschichte der Burgen vom Mittelalter bis heute. 350 Ausstellungsstücke, authentische Räumlichkeiten, Modelle und Multimediapräsentationen bieten dem Besucher Einblicke in das Burgleben. In einem Rundgang durch die gesamte Burg erfahren die Besucher, wie sich der Burgenbau von Epoche zu Epoche entwickelt hat, und lernen gleichzeitig die Veste Heldburg kennen. Denn sie ist schließlich das größte Exponat der Ausstellung – und mit ihrer wechselvollen Geschichte beispielhaft für mittelalterliche Burgen.

Adresse
Deutsches Burgenmuseum
Veste Heldburg
Burgstraße 1
98663 Heldburg
036871 – 21210
www.deutschesburgen-
museum.de

Schloss Glücksburg, Römhild

Unweit der Grenze zu Bayern ist Thüringen bereits fränkisch geprägt. In der kleinen Gemeinde Römhild beherbergt ein Schloss, das früher dem Adel als Residenz diente, heutzutage ein Museum – dank des bürgerschaftlichen Engagements der Römhilder Bevölkerung.

2 Anfahrt
Bhf. Hildburghausen, dann Bus 221
Per Auto: A 71, Ausfahrt Rentwertshausen

1968 begründete der Römhilder Landarzt Walter Hönn eine Heimatstube und begann allerlei Exponate zu sammeln, um die früheren Arbeits- und Lebensbedingungen, Sitten und Gebräuche in seiner Heimat zu dokumentieren. Damit legte er den Grundstein für das Römhilder Museum. Heute gilt er daher als Begründer der heimatlichen Erforschung des bäuerlichen Handwerks.

Hönn hatte sein medizinisches Rüstzeug an den Universitäten in Jena, Kiel, München und Würzburg erhalten. Doch bald zog es ihn zurück in die Heimat, wo er von 1931 bis 1971 als Arzt arbeitete. In den Jahren wurde dem exzellenten Kenner der Regionalgeschichte bewusst, dass das bäuerliche Handwerk immer mehr durch die Industrialisierung der Land-

wirtschaft verdrängt wurde und auch das städtische Handwerk auszusterben drohte. So begann Hönn mit seiner Sammeltätigkeit und wurde dabei durch zahlreiche Sachspenden unterstützt. 1978 reichte der Platz für die vielen Werkzeuge, Produkte und weiteren Ausstellungsstücke rund um das regionale Handwerk in den ursprünglichen Räumen nicht mehr aus, und die Sammlung wurde in das Schloss verlegt. Dort kündet heutzutage eine Urkunde vom Vermächtnis des Landarztes. Nach seinem Tod 1980 übergab seine Witwe die Exponate an die Stadt, verbunden mit dem Hinweis auf den Willen des Verstorbenen, dass die Sammlung „nicht veräußert wird, sie in ständigem Besitz des Römhilder Heimatmuseums und somit der Öffentlichkeit zugänglich bleibt".

Zu diesem Zeitpunkt blickte das Schloss bereits auf eine über fünfhundertjährige Geschichte zurück. Graf Friedrich II. von Henneberg-Römhild begann 1465 mit dem Bau des Schlosses, da er seine Residenz von der Burg auf dem Hartenberg in die Stadt verlegen wollte. Über dem Portal des Hinterschlossturms ist am Hennebergischen Wappen die Jahreszahl 1491 vermerkt. Vermutlich wurde in jenem Jahr der Schlossbau durch Friedrichs Sohn und Nachfolger Graf Hermann VIII. vollendet. Das Schloss blieb die Residenz der Henneberger Grafen der Römhilder Linie, bis diese mit dem Tod des kinderlosen Grafen Berthold XVI. 1549 erlosch.

Nach 1572 begannen unter der Regierung des Herzogs Johann Casimir von Sachsen-Coburg umfangreiche Arbeiten am Schloss. Das Mittelschloss wurde restauriert, und zum Zwinger hin wurde die Tordurchfahrt mit Zugbrücke angelegt. Die Arbeiten dauerten bis 1603. Ende des 17. Jahrhunderts entstand das kleine Herzogtum Sachsen-Römhild, das Schloss wurde Residenz und Behördensitz. Aus dieser Zeit stammt auch dessen Name. Denn als der spätere Herzog Heinrich von Sachsen-Römhild in das Schloss zog, war er frisch vermählt und nannte sein neues Zuhause, auf sein junges Eheglück anspielend, „Glücksburg".

Von 1724 bis 1748 diente das Schloss als Witwensitz für Elisabeth Sophie von Brandenburg: Nach

Die **Hönn'sche Sammlung** dokumentiert das regionale Handwerk

Öffnungszeiten
Apr.–Okt.
Di– Fr 10–12 Uhr,
13–16 Uhr, So 13–17 Uhr
Nov.–März
nur nach Vereinbarung

1400	1465	1500	1549	1572–1603	1700	1724–1748

Nutzung als Witwensitz

Beginn des
Schlossbaus

Henneberger Grafen der
Römhilder Linie sterben aus

Umbauarbeiten
am Schloss

Elisabeth Sophie von
Brandenburg (1674–1748)
wurde zur Herzogin von
Sachsen-Meiningen
(Gedeon Romandon, 1691)

Der **Festsaal**

dem Tod ihres dritten Ehemanns, des Meininger
Herzogs Ernst Ludwig I., verbrachte sie noch fast
zweieinhalb Jahrzehnte auf dem Schloss, ehe sie
74-jährig verstarb. Sie ließ in dieser Zeit den heutigen Festsaal und weitere Zimmer in zwei Etagen mit
prunkvollen Stuckdecken ausstatten. Sie ermöglichte
auch den Fortbestand und die Nutzung der Schlosskirche.

1826 wurden das Amt und die Stadt Römhild an
das Herzogtum Sachsen-Meiningen-Hildburghausen
angeschlossen. Das Schloss wurde in der Folge
restauriert, und die herzoglichen Möbel und Ausstattungsstücke wurden in die Meininger Residenz
überführt. In das Schloss zogen indes das Amtsgericht, das Steuer- und Forstamt, die Zentralsparkasse,
das Grundbuch- und Katasteramt und zeitweilig ein
Lazarett ein.

	Nutzung als Jugendwerk- hof und als Kaserne der Grenztruppen	Einzug der Hönn'schen Sammlung in das Schloss
Beginn der Nutzung als Kriegerwaisenheim		
1800	1884	1900	1948–1972	1978	2000

1883 verfügte Herzog Georg II. von Sachsen-Meiningen, das Hinterschloss und den ausgebauten Seitenflügel der ehemaligen Schlosskirche dem Deutschen Kriegerbund zur Nutzung zu übergeben. So zog 1884 das Kriegerwaisenheim in diesen Teil der Anlage. Bis 1948 fanden jährlich rund hundert Waisen und Halbwaisen sowie Kinder aus hilfsbedürftigen Familien im Römhilder Schloss ein neues Zuhause und erhielten dort Schulbildung und eine Berufsvorbereitung.

Von 1902 bis 1909 bekam der Festsaal seine heutige Gestalt. Neben im Kerbschnitt ausgeführten Wand- und Türverkleidungen entstand auch die geschnitzte Gedenktafel für die im Ersten Weltkrieg gefallenen Glücksburger. In der DDR-Zeit wurde das Schloss für unterschiedliche Zwecke genutzt. So war dort bis 1961 der Jugendwerkhof „Rudolf Harbig" untergebracht, danach bezogen Grenztruppen Teile des Schlosses. Die Stadtverwaltung hatte ab 1973 hier ihren Sitz, und 1979 öffnete schließlich das Museum im Hinterschloss.

Heute sind neben der Hönn'schen Sammlung beispielsweise historische Puppen zu sehen sowie eine umfangreiche Schau zur Geschichte der Töpferkunst. Daneben zeigt das Museum, das seit 1984 auch eine Ausstellung über Keramik beherbergt, regelmäßig Sonderausstellungen. Aufschlussreiche Führungen bringen den Besuchern die ganz unterschiedlichen Exponate sowie die Geschichte des Schlosses nahe.

Im Hinterschloss befindet sich heute das **Museum**

Adresse
Griebelstraße 28
98630 Römhild
036948 – 88140
www.stadt-roemhild.de

Schloss Elisabethenburg, Meiningen

Meiningen liegt am Ostrand der Rhön und am Fuße des Thüringer Waldes. Die malerische Stadt lockt aber nicht nur mit ihrer idyllischen Umgebung und ihrer historischen Bausubstanz Touristen an, sie ist auch eine traditionsreiche Theaterstadt, die bedeutende kulturelle Impulse geliefert hat. Das hat sie vor allem einem Regenten des Herzogtums Sachsen-Meiningen zu verdanken.

3 Anfahrt
Bhf. Meiningen, dann
10 Min. Fußweg
Per Auto: A 71, Ausfahrt
Meiningen

Von 1866 bis 1914 regierte Herzog Georg II. das kleine Sachsen-Meiningen, das seine Residenz auf Schloss Elisabethenburg hatte. Der kunstsinnige Regent förderte die Musik, noch mehr aber das Theater auf außerordentliche Weise. Er lud Künstler aus aller Welt ein und machte Meiningen so zu einem Zentrum der europäischen Kultur. Der Herzog galt selbst als vorzüglicher Pianist, er engagierte herausragende Musiker für die Meininger Hofkapelle und brachte das Meininger Hoftheater mit eigenen Inszenierungen in den Blickpunkt der Öffentlichkeit.

Nach zwei Ehen, aus denen insgesamt fünf Söhne hervorgingen, von denen zwei jedoch bereits im Kindesalter starben, verzichtete der Witwer auf eine

Szene aus Molières „Der eingebildete Kranke" am **Meininger Hoftheater** (Christian Wilhelm Allers, 1890)

dritte standesgemäße Heirat. Er ehelichte stattdessen die ehemalige Schauspielerin Ellen Franz, die er zuvor zur Freifrau von Heldburg hatte ernennen lassen. Was in Adelskreisen für entschiedene Ablehnung sorgte, sollte der kulturellen Entwicklung Meiningens einen Schub geben. Gemeinsam mit seiner Gattin und dem Theaterintendanten Ludwig Chronegk entwickelte Georg II. die „Meininger Prinzipien". Sie statuierten unter anderem, dass sich „jede noch so prächtige Ausstattung dem Werk unterzuordnen" und „jeder noch so große Star auch als Statist mitwirken" müsse, und reformierten das zeitgenössische Schauspiel.

Zu den Aufführungen von Hoftheater und Kapelle kamen die größten Künstler jener Zeit nach Meiningen, und auch sonstigen Einladungen des Herzogs und seiner Gemahlin folgten Komponisten, Theaterschaffende sowie andere Geistesgrößen gern. Hans von Bülow, Richard Strauss und Max Reger gehörten zu den Dirigenten der Hofkapelle, die Franz Liszt

Georg II., Herzog von Sachsen-Meiningen (1826–1914), wurde als „Theaterherzog" bekannt (Porzellanmalerei Julius Greiner, um 1900)

Öffnungszeiten
Di– So 10–18 Uhr

Herzog Bernhard I. von Sachsen-Meiningen (1649–1706) ließ die Elisabethenburg errichten

Das Schloss birgt eine **Sammlung historischer Musikinstrumente**

nach einem Besuch als den besten Klangkörper Europas nach dem Orchester des Pariser Konservatoriums bezeichnete. Auch von Richard Wagner und Cosima Liszt sind Besuche überliefert, und Johannes Brahms zählte ebenfalls zu den regelmäßigen Gästen des herzoglichen Paares.

Georg II. ist der bis heute berühmteste Regent von Sachsen-Meiningen. Die Liebe zur Kunst war allerdings auch schon für seine Vorfahren prägend. Das Herzogtum entstand 1680 durch Teilung des Herrschaftsgebiets Sachsen-Gotha unter den Söhnen Herzog Ernsts I., dem Frommen. Bernhard I., der drittälteste Sohn, wählte für die ihm zugesprochenen Gebiete Meiningen zur Haupt- und Residenzstadt.

Bernhard I. von Sachsen-Meiningen ließ 1682 bis 1692 auf dem Gelände der Meininger Stadtburg das

Schloss Elisabethenburg als Residenz seiner Dynastie erbauen. Mit dem Nordflügel der Elisabethenburg ist ein modifizierter Teil der ehemaligen Stadtburg erhalten geblieben. Den Namen verdankt das Schloss Bernhards zweiter Frau, Herzogin Elisabeth Eleonore aus dem Hause Braunschweig-Wolfenbüttel. Sie gehörte auch zu den Begründern des kulturellen Lebens am Meininger Hof. So förderte sie die musischen Neigungen ihres Mannes und verfasste nach dessen Tod selbst Kirchenlieder. Unter der Regentschaft Bernhards I. wurde 1690 die Hofkapelle begründet. Und gemeinsam mit seinem jüngsten Sohn Anton Ulrich gehörte er zu den wichtigsten Initiatoren der „Herzoglichen Öffentlichen Bibliothek".

Auch in den nächsten Generationen wurde die Kultur gefördert. So spielte im 18. Jahrhundert Herzog Georg I. von Sachsen-Meiningen virtuos auf der Geige und trat auf der Bühne auf. Seine Frau Louise Eleonore spielte mit ihm gemeinsam in öffentlichen Kammermusiken und führte über Jahrzehnte Buch darüber, welche Schauspieltruppe in Meiningen gastierte und wie deren Leistungen zu beurteilen waren. Das Ehepaar lud auch die Größen der Weimarer Literatur ein, und Friedrich Schiller erhielt den Hofratstitel. Bernhard II. ließ das Hoftheater erbauen, das 1831 eröffnet wurde und einen speziellen Reunionssaal für Kammerkonzerte hatte.

Die Regenten veranlassten mehrfach bauliche Veränderungen am Schloss. Insbesondere Arbeiten an Fassade und Dach haben der Schlossanlage im 19. Jahrhundert ihr heutiges Erscheinungsbild gegeben. So wurde 1836/37 der gesamte Dachstuhl grundlegend verändert und der Rundbau um ein Stockwerk erhöht. 1861 erfolgte der Umbau des

Im Schloss ist auch **Max Regers Notenschrank** zu besichtigen

Unter Herzogin **Louise Eleonore** von Sachsen-Meiningen (1763–1837) und ihrem Gemahl Georg I. erlebte das Schloss ein reges künstlerisches Leben (Johann Carl Bock, um 1800)

Das **Museum** umfasst rund fünfzig Räume

Bibrasbaus. Ein Zwischenstück verbindet seitdem Mittel- und Nordflügel, und die Fassade erhielt neugotische Schmuck- und Zierformen. Auch die Räume im Schloss sind im Verlauf der Jahrhunderte immer wieder den Ansprüchen der jeweiligen Bewohner angepasst worden. Heute findet sich eine breite Stilvielfalt vom Barock bis zum Historismus. Um das Schloss herum entstand zudem ein Landschaftsgarten im englischen Stil.

1947 wurde das Schloss in Volkseigentum überführt und das städtische Museum gegründet. In der DDR-Zeit wurden immer wieder Sanierungsarbeiten durchgeführt, und inzwischen ist das Museum zu einem Schmuckstück geworden, das die große Geschichte des Bauwerks und der Region ebenso präsentiert wie aktuelle Kunst.

Beim Rundgang durch Schloss Elisabethenburg erwarten den Besucher heute rund fünfzig Ausstellungsräume. Die mittlere Schlossetage bleibt dabei vor allem den Kunstsammlungen vorbehalten. Die vielen Stuckaturen an den Wänden und Decken so-

wie weitere prunkvolle Details belegen die einstige höfische Pracht. In zwei Räumen wird an die Meininger Prinzessin Adelheid erinnert, die 1830 als Queen Adelaide an der Seite von William IV. den englischen Königsthron bestieg.

In der oberen Etage wird mit den Ausstellungen zur Musik- und Theatergeschichte das wohl bedeutendste Kapitel des einstigen Meininger Musenhofes präsentiert. Der Marmorsaal bietet einen prächtigen Rahmen für stilvolle Veranstaltungen. Wechselnde Sonderausstellungen behandeln bildende Kunst, Regionalgeschichte, Musik, Theater und Literatur.

Der berühmte Theaterherzog Georg II. galt übrigens nicht nur als Förderer der Kunst, sondern auch als volksnaher, liberaler Herrscher, der für bessere Bildung, eine Wahlrechtsreform und mehr Gleichberechtigung von Frauen in pädagogischen und akademischen Berufen sorgte. So wundert es nicht, dass Meiningen den letzten Regenten auf Schloss Elisabethenburg besonders würdigt.

Adresse
Schlossplatz 1
98617 Meiningen
03690 – 8810301
www.meiningermuseen.de

Schloss Elgersburg

Die kleine Gemeinde Elgersburg ist ein malerischer Ort am Nordrand des Thüringer Waldes. Die Idylle lockt schon seit geraumer Zeit Gäste an – denn hier wurde im Jahr 1837 die wohl erste Kaltwasserheilanstalt Deutschlands eröffnet. Doch nicht nur ihre Tradition als Kurort machte die Ortschaft bekannt, sondern auch die Burg, die der Gemeinde den Namen gab.

4 **Anfahrt**
Bhf. Elgersburg, 6 Min. Fußweg
Per Auto: A 4, Ausfahrt Ilmenau West, A 71, Ausfahrt Gräfenroda

Als die Elgersburg erstmals in einer Schenkungsurkunde erwähnt wurde, schrieb man das Jahr 1139. Es ist allerdings wahrscheinlich, dass die Burg da schon seit Jahrhunderten eine wichtige Rolle in der Region gespielt hatte. Denn die Elgersburger Chronik aus dem Jahr 1901 zitiert die „Legenda Bonifacii" aus dem ersten Jahrtausend nach Christi Geburt wie folgt: „Nun sollt ihr wissen, dass Wartperg ist das Haupt dieses Landes (Thüringen), und Eligersburg heisst der rechte Arm und liegt an dem Thüringer Walde."

Auch wenn nicht genau feststeht, wann die ursprüngliche Elgersburg errichtet wurde, so ist doch klar, welchem Zweck sie diente. Historische Quellen

Blick aus dem Schloss
Elgersburg auf den
Thüringer Wald

belegen, dass die auf einem dreißig Meter hohen
Felsen ruhende Anlage als Schutz- und Trutzburg zur
Bewachung der über den Thüringer Wald führenden
Handelsstraße diente. In der Frühphase wechselte
die Anlage, zu der seit 1347 auch ein Gut gehörte,
durch Heirat, Pfändung oder Verkauf häufig die Besitzer. Im Jahr 1437 kam sie allerdings für beinahe
vier Jahrhunderte in die Hände der Herren von Witzleben. Im Jahr 1802 kaufte die Herzoglich Gothaische
Regierung die Burg. Das Herzogtum veräußerte anschließend Teile des Guts, behielt aber die Burg, die
bald als Amtssitz diente.

Nun kam die Zeit, in der Elgersburg als Kurort Furo-
re machte. Als Begründer des Badeorts gilt Jacob
Gräser. Der geschäftstüchtige Mann war ursprünglich Fuhrunternehmer, betrieb mit seiner Frau aber
auch einen Kramladen und eine Schnapsbrennerei.
1828 richtete er ein russisches Dampfbad ein – der
Zeitpunkt gilt als Geburtsstunde der Elgersburger
Hydrotherapie. 1837 folgte die epochemachende
Kaltwasserheilanstalt. Dank vorzüglicher Kurärzte flo-

Öffnungszeiten
Schlossführungen
ab 5 Personen, nach
Voranmeldung

Kauf der Burg durch die Herzoglich
Gothaische Regierung

Urkundliche Ersterwähnung
der Elgersburg

Die Burg kommt in den Besitz
der Herren von Witzleben

1100 **1139** 1200   1300   1400 **1437** 1500   1600   1700   1800 **1802**

Schloss Elgersburg wurde im 19. Jahrhundert zum Mittelpunkt eines florierenden Kurorts (Édouard Humbert, 1862)

rierte der Badeort bald: Innerhalb weniger Jahre entstanden Badehäuser, ein Kursaal, Villen und Hotels. Herzog Ernst II. von Sachsen-Coburg und Gotha veranlasste den Anschluss an das Eisenbahnnetz. Und die Elgersburg wurde als Erweiterung der Wasser-Kuranstalt – etwa zur Unterbringung von Gästen – genutzt.

Der Ort Elgersburg genoss seinerzeit einen geradezu märchenhaften Ruf. „Der Preis der Schönheit unter allen Badeorten Thüringens, diesseits wie jenseits des Rennsteigs, gebührt unbestritten Elgersburg", wird der Reichshistoriograph der Gemeinde Gabelbach zu Ilmenau, Hofrat August Trinius, im Jahr 1901 zitiert. Denn alle anderen Orte „vermögen doch nicht jene Fülle von Naturschönheiten aufzuweisen, wie sie die gütige Natur mit vollen Händen über dieses Stückchen Erde freigebig ausgestreut hat".

Die Gegend gefiel wohl auch dem Freiherrn von Frege-Welzin. Er übernahm die Burg 1903 und ließ sie von 1905 bis 1907 zu einem Wohnschloss umbauen, wobei er dafür sorgte, dass der Burgcharakter weitestgehend erhalten blieb. So sind bis heute etwa die Schießscharten aus dem 15. Jahrhundert zu

			Beginn der Nutzung als FDGB-Ferienheim	
	Übernahme der Burg durch Freiherr von Frege-Welzin und Umbau zur Wohn-anlage			
Eröffnung der ersten Kaltwasserheilanstalt Deutschlands			Beginn umfangreicher Sanierungs-arbeiten	
1837	1900 **1903**	**1953**	**1984**	2000

bestaunen, die durch gelagerte Kugeln verschlossen werden konnten. Neben den Bestandteilen aus der Festungszeit prägen aber auch viele Jugendstilele-mente das heutige Erscheinungsbild der Elgersburg. 1912 ging das Schloss an eine Stiftung über und diente fortan unter anderem adeligen Damen als Alterswohnsitz und später als Erholungsheim.

Im Zweiten Weltkrieg nutzten die Nationalsozialis-ten das Schloss als Heim für die Kinderlandverschi-ckung. 1945 kamen zunächst amerikanische, dann sowjetische Truppen nach Elgersburg. Das Schloss wurde 1949 in Volkseigentum überführt. Ab 1953 machten für mehrere Jahrzehnte die Werktätigen aus den Volkseigenen Betrieben der DDR Urlaub in der als Ferienheim des Freien Deutschen Gewerkschafts-bundes genutzten Elgersburg. Zwischen 1984 und 1988 erfolgten umfangreiche Sanierungsarbeiten.

Nach dem Ende der DDR fiel das Schloss an den Kreis Ilmenau, der nach der Gebietsreform 1994 zum Ilmkreis wurde. Ein angestrebter Verkauf scheiterte, und so stand das Schloss ab 1996 leer. 1998 aber übernahm die Gemeinde die Anlage und machte sie schon bald wieder der Öffentlichkeit zugänglich.

Heute gilt das Schloss als ein geistig-kulturel-ler Mittelpunkt des Geratals. Hier finden Konzerte, Lesungen und Ausstellungen statt. Ein Restaurant-und Hotelbetrieb bewirtschaftet Teile des Schlosses und bietet unter anderem zünftige Rittermahle an. In kundigen Führungen erfahren die Gäste histori-sche Details in besonders authentischer Art und Weise. Denn die Elgersburg hat nicht nur eine lange Geschichte – da sie in all den Jahrhunderten ohne Unterbrechung genutzt wurde, ist sie auch in hervor-ragendem baulichem Zustand.

Das Schloss enthält noch Elemente der einstigen Burg wie dieses **Tor**

Adresse
Burgstraße 3
98716 Elgersburg
03677 – 4680770
www.schloss-elgersburg.de

Schloss Schwarzburg

Auf der Schwarzburg nahe Saalfeld wurde Geschichte geschrieben – sowohl im Mittelalter als auch in der Neuzeit. Denn von hier beherrschte einst eines der ältesten Adelsgeschlechter Thüringens große Gebiete, hier dankte der letzte deutsche Monarch ab, und ganz in der Nähe wurde die erste demokratische Verfassung Deutschlands unterzeichnet.

5 **Anfahrt**
Bhf. Schwarzburg, dann
15 Min. Fußweg
Per Auto: A 71, Ausfahrt
Ilmenau-Ost, dann B 88

Auf einer vielfach verbreiteten Fotografie steht ein Mann mittleren Alters auf einem Weg in den Bergen. Er trägt Schnurr- und Kinnbart, in der einen Hand hält er einen Spazierstock, die andere ruht auf einem gusseisernen Geländer. Er blickt in die Ferne, so als halte er nach der Zukunft Ausschau.

Das Bild wurde aufgenommen, als der sozialdemokratische Reichspräsident Friedrich Ebert 1919 im thüringischen Schwarzburg weilte, um im wahrsten Sinne des Wortes Geschichte zu schreiben. Nach den Schrecken des Ersten Weltkriegs gab sich Deutschland die erste demokratische Verfassung. Entstanden war das Dokument, das der ersten Republik auf deutschem Boden den Namen gab, im etwa fünfzig Kilo-

meter entfernten Weimar. Vom Reichspräsidenten unterschrieben wurde es jedoch am 11. August 1919 in Schwarzburg.

Kolportiert wird aus jener Zeit auch die Begegnung Eberts mit einem Mann, der seiner Macht gerade verlustig gegangen war. Auf der lang gezogenen Terrasse vor Schloss Schwarzburg soll der Reichspräsident auf Fürst Günther Viktor von Schwarzburg-Rudolstadt getroffen sein. Man habe sich höflich gegrüßt und sei aneinander vorbeigegangen, heißt es. Günther Viktor hatte als letzter der deutschen Fürsten im November 1918 abgedankt.

Reichspräsident **Friedrich Ebert** (1871–1925) unterzeichnete in Schwarzburg die Weimarer Verfassung (Emil Orlik, um 1922)

Die Schwarzburger blickten zu diesem Zeitpunkt auf eine über tausendjährige Geschichte zurück. Schon im 8. Jahrhundert vermelden die Chroniken Adlige im Schwarzatal. Der Ort ist somit der Stammsitz einer der ältesten und mächtigsten Dynastien Thüringens. Ab 1123 nannte sich das alte Adelsgeschlecht der Grafen und späteren Fürsten „von Schwarzburg". Wie alt die Burg da bereits war, lässt sich nicht mehr feststellen – die erste Erwähnung stammt aus dem Jahr 1071.

Auch die ursprüngliche Bebauung lässt sich heute nur noch erahnen. Die Burg verfügte wohl über die typischen Gebäude und Verteidigungsanlagen: Mauern, Gräben, Türme sowie Wohn- und Wirtschaftsgebäude. Im Laufe der Jahrhunderte ist die Anlage immer wieder überbaut worden. Die ältesten heute noch vorhandenen Bestandteile der Burg stammen aus dem 14. und 15. Jahrhundert.

Im 14. Jahrhundert bauten die Schwarzburger ihre Macht entlang der Flüsse Gera und Saale Richtung Norden und Nordosten weiter aus. Ab dem 15. Jahrhundert verlor die Schwarzburg an Bedeutung – Arnstadt, Rudolstadt und Sondershausen waren fortan die Residenzorte der Schwarzburger. 1599 teilte sich das Adelsgeschlecht in die Linien Schwarzburg-Rudolstadt und Schwarzburg-Sondershausen, deren Herrschaftsgebiete für die nächsten dreihundert Jahre weitgehend unverändert blieben.

Die Schwarzburg wurde indes 1695 bei einem Brand stark in Mitleidenschaft gezogen: Die Bebauung an der östlichen Seite des Hofs und das Torhaus

Öffnungszeiten
Apr.–Okt.
Di–So, Feiertag 10–18 Uhr
Nov.–März
Di–So, Feiertag 10–17 Uhr
Ab 10 Uhr stündlich
Führungen durch das
Zeughaus, letzte Führung
17 Uhr bzw. 16 Uhr

Beschädigung durch Brand,
Bau der Zweiflügelanlage

Erste Erwähnung der Burg

Erste Nennung des Adels-
geschlechts „von Schwarzburg"

| 1000 | **1071** | 1100 | **1123** | 1300 | 1500 | 1600 | **1695** | 1700 |

Schmuckstück der Anlage ist das **Kaisersaal-gebäude** aus dem frühen 18. Jahrhundert

fielen den Flammen zum Opfer und wurden nicht wiederaufgebaut. In der Folge entstand die Zweiflügelanlage mit dem Hauptbau des Schlosses und der Schlosskirche.

1726 war es wieder ein Feuer, das neue Arbeiten erforderte. Verschont blieb das als Orangerie konzipierte, mit der Erhebung der Schwarzburger in den Reichsfürstenstand aber für höfische Zeremonie und Repräsentation umfunktionierte Pavillon-Ensemble. Noch im selben Jahr wurde mit dem Umbau der Burgruine zu einem Jagdschloss begonnen, der 1744 im Wesentlichen beendet wurde.

Mit der Abdankung des Fürsten Günther Viktor, der Schwarzburg-Rudolstadt und Schwarzburg-Sondershausen seit 1909 in Personalunion beherrscht hatte, fiel das Schloss an das Land Thüringen. Die ehemalige Fürstenfamilie behielt jedoch weiterhin das Wohnrecht auf der Schwarzburg.

In den 1940er-Jahren wollte das nationalsozialistische Regime die Anlage zu einem „Reichsgästeheim" umbauen. Dafür wurden das Torhaus, die Kirche und ein Abschnitt des Schlosshauptflügels abgerissen und wesentliche Teile der Innenausstattung des Hauptgebäudes entfernt. Die Arbeiten, an denen auch Zwangsarbeiter beteiligt waren, blieben jedoch unvollendet, da sie 1942 kriegsbedingt eingestellt wurden. Die Gebäude wurden notdürftig gesichert und gegen Ende des Zweiten Weltkriegs als Unterkunft für Ausgebombte und Vertriebene genutzt.

Auch die Nachkriegszeit begann mit einem verheerenden Ereignis: 1947 stürzte der östliche Turm des Zeughauses ein und verursachte dabei weitere

Schloss Schwarzburg
um 1860

Darstellungen deutscher Herrscher des Mittelalters zieren den **Kaisersaal**

Schäden. Der Turm wurde instand gesetzt, hingegen blieb das Triumphtor zerstört. Da Schwarzburg in der DDR-Zeit zu einem beliebten Urlaubs- und Erholungsort avancierte, wurde auf dem Schloss das Kaisersaalgebäude saniert und die barocke Ausmalung des Kaisersaals restauriert.

Inzwischen ist die Schwarzburg im Besitz der Stiftung Thüringer Schlösser und Gärten, die umfangreiche Sanierungsarbeiten in Angriff nahm. Als gute Stube des Schlosses gilt heute die einstige Orangerie mit dem Kaisersaal und dem Gartenparterre davor. Das zweigeschossige Gebäude wird auch als Garten- oder Lusthaus bezeichnet, und insbesondere

Torhaus und **Zeughaus** (rechts) wurden aufwendig restauriert

der Kaisersaal ist beeindruckend. Hoch oben in einer quadratischen Laterne prangt eine ungewöhnliche Bildergalerie. Lebensgroß werden auf den Gemälden mittelalterliche Kaiser und Könige dargestellt, zusätzlich zieren hundert Kaisermedaillons und prächtiger Stuck die Decke des prachtvollen Saals.

Nicht weniger faszinierend ist die Waffensammlung im Zeughaus. In dem sanierten Bauwerk werden die 1940 nach Rudolstadt ausgelagerten Waffen nun wieder an ihrem ursprünglichen Ort präsentiert.

Zum Schloss Schwarzburg führt heute übrigens der „Weg der Demokratie". Damit wird an jene historische Unterschrift erinnert, die Reichspräsident Friedrich Ebert vor über hundert Jahren hier unter die erste demokratische Verfassung Deutschlands setzte.

Seit 2018 ist die historische **Waffensammlung** wieder im Zeughaus zu bestaunen

Adresse
Fürstliche Erlebniswelten
Schloss Schwarzburg
Schlossstraße 5
07427 Schwarzburg
036730 – 399630
www.schloss-
schwarzburg.de

Neues Palais, Arnstadt

Arnstadt liegt an der Gera – und steht im Schatten der etwa zwanzig Kilometer flussabwärts gelegenen Landeshauptstadt Erfurt und der vierzig Kilometer entfernten Klassikerstadt Weimar. Dabei hat die Stadt mit ihren knapp dreizigtausend Einwohnern einiges zu bieten: Im Zentrum reihen sich hübsche Fachwerkbauten aneinander, und die südlich der Stadt beginnenden Höhenzüge des Thüringer Waldes locken Wanderer an. Darüber hinaus wartet das „Tor zum Thüringer Wald", wie die Arnstädter ihre Stadt stolz nennen, mit einigen Superlativen auf.

6 Anfahrt
Bhf. Arnstadt, dann Bus 2, 352, 355, 360, 362, 363, 385 oder 15 Min. Fußweg
Per Auto: A 4, Ausfahrt Neudietendorf oder A 71, Ausfahrt Arnstadt-Nord

Eine Urkunde aus dem Jahr 704 sorgte dafür, dass Arnstadt als älteste Stadt (nach Ersterwähnung) der inzwischen untergegangenen DDR galt. Als die damalige Staatsführung 1987 pompös das 750-jährige Jubiläum Berlins feierte, lächelten die Bewohner der mehr als ein halbes Jahrtausend älteren Ortschaft nur müde.

Doch Arnstadt blickt nicht nur auf eine lange, sondern auch eine recht glamouröse Vergangenheit zurück. Im 12. Jahrhundert galt der Ort als reich, und Erfurt scheiterte bei Eroberungsversuchen mehr-

fach an seinen Befestigungsanlagen. Schon zu jener Zeit war Arnstadt im Besitz der Grafen von Schwarzburg.

Im 16. Jahrhundert wurde das Territorium der Schwarzburger aufgeteilt, und Graf Günther XLI., genannt der Streitbare, bekam Arnstadt. Der Graf machte seinem Beinamen alle Ehre, zog häufig in die Schlacht und erhielt dafür die seinerzeit gigantische Summe vom 10 000 Rheinischen Goldgulden. Von dem Geld ließ er auf den Ruinen der Arnstädter Burganlage das prächtige Schloss Neideck errichten. Von dem Renaissancebau ragt heute noch der Schlossturm 65 Meter in die Höhe. Ein Modell der gesamten Anlage ist in unmittelbarer Nähe zu sehen. Auch bei der Inneneinrichtung ließ sich der Graf nicht lumpen: Er bestellte bei Teppichwebern vier Dutzend großflächige Tapisserien vor allem mit szenischen Bibeldarstellungen.

Bis ins 18. Jahrhundert diente das Schloss als Residenz. Nach dem Tod des Schwarzburger Fürsten Anton Günther II. fiel Arnstadt 1716 wieder zurück an seinen Bruder Christian Wilhelm I. von Schwarzburg-Sondershausen, das Arnstädter Schloss verfiel. Die Fürstenwitwe, Auguste Dorothea, zog sich auf Schloss Augustenburg zurück und frönte ihrer

Außer dem bis heute erhaltenen Schlossturm war schon 1862 vom **Schloss Neideck** kaum noch etwas übrig (Édouard Humbert)

Öffnungszeiten
Di–So 9.30–16.30 Uhr

Fürstin **Auguste Dorothea** von Schwarzburg-Arnstadt (1666–1751) sammelte Puppen (Anna Rosina de Gasc, 1770)

Kostbare **Tapisserie**

Sammelleidenschaft. Insbesondere ihre Puppensammlung „Mon plaisir" (Mein Vergnügen) wurde zu ihrer Lebensaufgabe. In Miniaturgröße ließ sie ein verblüffend authentisches Abbild des Lebens in einer Residenzstadt jener Zeit nachbauen. Außerdem gründete sie die Fayencemanufaktur „Dorotheenthal".

Arnstadt wurde indes zur Nebenresidenz. Fürst Günther I. von Schwarzburg-Sondershausen veranlasste zu diesem Zweck den Bau eines Schlosses in Sichtweite zur Neideck. 1734 wurde das Neue Palais eingeweiht. Die Dreiflügelanlage verfügte über Wohnbereiche und zahlreiche Repräsentationsräume. Zwar fiel der Barockbau äußerlich vergleichsweise schlicht aus, aber er hatte es in sich. So gab es ein fest eingebautes Bad, der Überlieferung nach trugen die Diener feine Livreen, und auch mit jenem Perso-

Bau des Neuen Palais durch Fürst Günther I.		Wiedereröffnung des Festsaals
Beginn der Erhaltungs- und Sanierungsarbeiten		
Beginn der Nutzung als Museum		

| 1729–1734 | 1800 | 1900 | 1919 | 1992 | 2000 | 2014 |

nal, das so mancher europäischen Residenz Prestige verlieh, wartete man auf: mit einem „Kammertürken", drei „Hofmohren" und einer „Zwergenfamilie".

Vor allem aber bot das Schloss viel Platz für die Sammelleidenschaften der Herrscher. Denn wie schon seine Vorfahren begeisterte sich auch Fürst Günther I. von Schwarzburg-Sondershausen für die Kunst. Ihm hatte es besonders das Porzellan angetan, das in jener Zeit als „weißes Gold" galt. Im südlichen Seitenflügel ließ er ein Porzellan- und Spiegelkabinett anlegen – mit 763 Konsolen vor allem für japanische und chinesische Porzellankunst. Darüber hinaus pflegte der Fürst offenbar freundschaftliche Kontakte zu August dem Starken, Kurfürst von Sachsen und König von Polen. Das belegt etwa ein fünfteiliger Vasensatz Meißner Porzellan mit dem Signet „AR" (August Rex). Auch Böttgersteinzeug gehört zur

Highlights des Museums sind das **Porzellankabinett** (oben) und die **Puppensammlung Mon Plaisir**

Sammlung des Fürsten, die bis heute weitgehend im Originalzustand erhalten ist.

1881 holte Fürstin Marie von Schwarzburg-Sondershausen auch die Puppensammlung „Mon plaisir" ins Schloss. Zwar wurden die Puppen vorübergehend auf dem Schwarzburger Jagdschloss Gehren untergebracht, sie fanden aber 1930 ihr endgültiges Zuhause im Neuen Palais.

Zu jener Zeit war das Schloss längst kein Adelssitz mehr, nach dem Ende der Monarchie 1918 ging das Fürstentum Schwarzburg-Sondershausen bald im Land Thüringen auf. Das Neue Palais wurde in ein Museum umgewandelt. Den Zweiten Weltkrieg überlebten die Kunstschätze an einem sicheren Ort, und schon 1947 wurde das Museum wieder eröffnet.

Allerdings stand der Erhalt fürstlichen Erbes nicht unbedingt im Zentrum der DDR-Kulturpolitik. So verschlechterte sich im Laufe der Jahrzehnte der Zustand des Palais. Immerhin wurde 1988 mit der Restaurierung der Tapisserien begonnen. Es hatte durchaus seine Vorteile, dass Arnstadt im Schatten von Erfurt und Weimar lag – denn so wurden keine der Kunstschätze zu Devisen gemacht. Auch von Umbauten nach den Moden der Nachkriegszeit blieb das Schloss weitgehend verschont, nur die Orangerie

Der **Festsaal** ist wieder so zu bestaunen, wie er sich im späten 19. Jahrhundert darstellte

Das **Museum** zeigt historische Möbel und Kunstwerke

Eine Dauerausstellung ist dem Komponisten **Johann Sebastian Bach** (1685–1750) gewidmet (Elias Gottlob Haußmann, 1746)

im Lustgarten wurde im Frühjahr 1989 wegen Baufälligkeit abgerissen.

1992 begannen Erhaltungs- und Sanierungsarbeiten rund um das Neue Palais. Seit 2014 ist der Festsaal wieder in seiner Pracht aus dem Jahr 1881 zu bestaunen. In der südlichen Beletage sind die Barockräume restauriert. Das Museum zeigt Möbel und Kunstschätze aus dem ehemals fürstlichen Bestand, ebenso die Porzellansammlung des Fürsten Günther I. und natürlich die Puppensammlung „Mon plaisir".

Eine der Attraktionen ist die Dauerausstellung zu Johann Sebastian Bach, die unter anderem einen originalen Orgelspieltisch zeigt. Denn auch der berühmte Komponist hat Arnstadt geprägt: 1703 trat er hier eine Stelle als Organist in der heutigen Bachkirche an und begann damit seine Laufbahn. Gerade zu den regelmäßigen Bach- und Schlossfesten kommen heutzutage zunehmend Touristen aus aller Welt und entdecken das „Tor zum Thüringer Wald" im Schatten der bekannten Nachbarstädte.

Adresse
Schlossmuseum Arnstadt
„Neues Palais"
Schlossplatz 1
99310 Arnstadt
03628 – 602932
www.kulturbetrieb-
arnstadt.de/neuespalais

Schloss Altenstein, Bad Liebenstein

Über 160 Hektar groß ist der Landschaftspark rund um das Schloss Altenstein. Die gesamte Gegend um Bad Liebenstein – der älteste Kurort Thüringens liegt zu Füßen der Anlage – bietet Idylle pur. Oben auf der Höhe haben sich die Schlossherren einst ein kleines Paradies geschaffen.

7 **Anfahrt**
Bhf. Bad Liebenstein, dann
Bus 41, 140, 145, 146
Per Auto: A 4, dann B 19,
Richtung Bad Liebenstein
oder A 7, dann B 84,
Richtung Bad Liebenstein

Das Schloss inmitten des Grüns bot vielen Herrschaften eine Heimstatt, die Geschichte der Bebauung reicht gar bis ins tiefste Mittelalter zurück. Im 12. Jahrhundert entstand eine der ersten aus Stein gebauten Burganlagen der Region auf der Anhöhe, die bald den Namen Altenstein bekam. Reformator Martin Luther machte den Ort bekannt: Er wurde ganz in der Nähe im Jahr 1521 entführt und danach zu seiner Sicherheit auf die zwanzig Kilometer entfernte Wartburg gebracht. Nachdem die Bauten die Bauernkriege noch überstanden hatten, fielen sie 1733 einer Brandstiftung zum Opfer. Es soll sich um einen Racheakt gegen den in der Burg wohnenden Amtmann gehandelt haben.

Herzog Anton Ulrich von Sachsen-Meiningen sah

die Katastrophe als Chance und ließ den italienischen Baumeister Rossini auf der Ruine ein Schloss errichten. Kurioses Detail: Obwohl der Herzog sich alle Pläne vorlegen ließ, war er am Ende nicht mit dem Bau zufrieden. Er monierte, das Schloss stehe falsch herum, weil seine verzierte Fassade zum Berg wies. In der Folge musste der Baumeister das Weite suchen, und der Herzog soll den Altenstein nie wieder betreten haben.

Als es nach ein paar Jahrzehnten Sanierungsbedarf am Gebäude gab, kam Herzog Georg I. von Sachsen-Meiningen zum Zuge. Ab 1798 ließ er das Schloss zur Sommerresidenz mit Parkanlage aus-

Das **Hofmarschallamt** wurde unter Herzog Georg I. errichtet

bauen. Der Herzog regierte in der Tradition des aufgeklärten Absolutismus und fühlte sich als „der erste Diener des Staates". In die Zeit seiner Regentschaft fiel auch der Bau der Ritterkapelle auf dem Altenstein im Jahr 1799. Hofmarschallamt, Marstall und Orangerie kamen hinzu, wurden aber teilweise erst nach dem Tod des Herzogs im Jahr 1803 fertiggestellt.

Die Nachfahren Georgs I. kümmerten sich weiter um die Entwicklung des Bauwerks und insbesondere um die Parkanlagen. Im 19. Jahrhundert beteiligten sich die berühmtesten Gartenkünstler ihrer Zeit an der Gestaltung des Parks: Hermann Fürst von Pückler-Muskau, dessen Meisterschüler Carl Eduard Petzold und der preußische General-Gartendirektor Peter Joseph Lenné. Mehrfach wurde der Park dabei

Öffnungszeiten
Apr.–Okt. tgl. 11–16 Uhr

		Zerstörung der Burg durch Brand, anschließender Neubau
	Bau einer Burganlage	Martin Luther wird bei Altenstein entführt
1100	**1200**	**1500 1521**	**1600**	**1700 1733**

Altenstein im Jahr 1862 (Édouard Humbert, rechts) und nach dem Umbau durch Albert Neumeister, um 1900 (unten)

Ausbau zur Sommerresidenz der Herzöge von Sachsen-Meiningen		Beginn der Sicherungs- und Instandsetzungsmaßnahmen
	Zerstörung durch Brand	
Brahms weilt erstmals auf Schloss Altenstein		
1798 1800	**1894** 1900	**1982 1984** 2000

Ein prächtiger **Park** umschließt das Schloss

erweitert. Im Zuge dessen wurde auch die Teufelsbrücke errichtet. Um die Wende zum 20. Jahrhundert ließ Herzog Georg II. von Sachsen-Meiningen den Park noch einmal umgestalten und das Schloss von Hofbaumeister Albert Neumeister nach dem Vorbild englischer Landhäuser umbauen – der angefügte Portikus gibt dem Gebäude seither seine markante Silhouette.

Georg II., Herzog von Sachsen-Meiningen (1826–1914), ließ das Schloss umbauen (A. Neumann, 1879)

Kurz vor der Wende zum 20. Jahrhundert beherbergte das Schloss mehrfach einen berühmten Gast: den Komponisten Johannes Brahms, der freundschaftliche Kontakte zu Herzog Georg II. pflegte. Der als „Theaterherzog" bekannte Fürst galt als großer Förderer der Künste, wirkte auch als Theaterleiter, Regisseur und Bühnenbildner und war einer der Verfasser der sogenannten „Meininger Prinzipien", die das Theater darauf verpflichtete, sich am dichterischen Urtext zu orientieren und Bühnenbild, Kostüme und Requisiten stilistisch aufeinander abzustimmen.

Der ausgewiesene Musikliebhaber Georg II. lernte

Der Komponist **Johannes Brahms** (1833–1897) beehrte das Schloss mehrmals

über den Meininger Hofkapellmeister Hans von Bülow den Wiener Komponisten Johannes Brahms kennen. Bald pflegten Brahms und die herzogliche Familie eine herzliche Verbindung. An Helene Freifrau von Heldburg, die zunächst unter ihrem bürgerlichen Namen Ellen Franz als Schauspielerin reüssierte und Geliebte des kunstsinnigen Herzogs war, bevor sie dessen dritte Ehefrau wurde, schrieb Brahms im Jahr 1894 einen Brief. Darin lobte er einen Klarinettisten der Meininger Hofkapelle: Der blase „so lieblich auf seiner Clarinette und erzählt dazu so lockend von Schloß Altenstein, daß ich nothwendig ein wenig fantasiren muß ... Wenn Sie mir mit einem Wort die Erlaubniß geben, so möchte ich gern den Umweg machen und Ihr schönes Schloß besehen."

Kurz darauf reiste Brahms tatsächlich nach Altenstein und schwärmte in Briefen an die geliebte Pianistin Clara Schumann über Schönheit von Schloss, Park und Gegend: „Hier vergeht ein Tag nach dem andern so leicht und schön, daß man schwer zum Abfahren kommt." 1895 kam der Komponist erneut in die Gegend, besuchte das herzogliche Ehepaar und weilte auch auf Schloss Altenstein.

Heute erinnert ein liebevoll eingerichteter Raum im Schloss an die Aufenthalte des Komponisten. Eine Ausstellung mit Manuskripten, Drucken, Fotos und Briefen illustriert vor allem Brahms' Beziehung zum Meininger Hof.

Es grenzt beinahe schon an ein Wunder, dass heute wieder Besucher in die schmucke Brahms-Gedenkstätte kommen können. Denn im 20. Jahrhundert

Ein **Brahms-Zimmer** erinnert an das Wirken des Künstlers und seine Beziehung zu Sachsen-Meiningen

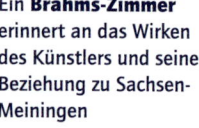

nahm das Schloss eine wechselvolle Entwicklung. Nach dem Ersten Weltkrieg verlor Altenstein seine Funktion als Sommerresidenz des Hauses Sachsen-Meiningen. Es verblieb zunächst im Besitz der Adelsfamilie, wurde aber im Jahr 1942 an das Land Thüringen verkauft. Während des Zweiten Weltkriegs wurde die Anlage als Lazarett genutzt, nach seinem Ende zogen zunächst amerikanische, dann russische Truppen ein. Zu jener Zeit konnte eine Sprengung des Schlosses gerade noch verhindert werden. 1946 übernahm die Handwerkskammer das Schloss und nutzte es bald als Erholungsheim. 1979 wurde Altenstein zum Denkmal der Landschafts- und Gartengestaltung erklärt, doch nur wenig später, 1982, sorgte ein technischer Defekt für einen verhängnisvollen Brand, der das Schloss bis auf die Außenmauern zerstörte.

Nachdem 1984 erste Sicherungs- und Instandsetzungsmaßnahmen begannen, strahlen Schloss und Park Altensein mittlerweile wieder die alte Pracht aus.

Prachtvolle Rabatte zieren den rekonstruierten Altensteiner Schlosspark

Adresse
Altenstein 4
36448 Bad Liebenstein
036961 – 33401
www.schloss-altenstein.de

Wartburg, Eisenach

Wer sich Thüringen von Westen her auf der Autobahn nähert, wird vom grünen Freistaat wohl als Erstes die Wartburg wahrnehmen. Am äußersten nordwestlichen Rand des Thüringer Waldes ruht die massive Festung hoch über der Stadt Eisenach. Die monumentale Burg unweit der geografischen Mitte Deutschlands stand im Laufe der letzten tausend Jahre mehrfach im Zentrum der deutschen Geschichte.

8 **Anfahrt**
Bhf. Eisenach, dann
Bus 03
Per Auto: A 4, Ausfahrt
Eisenach-West oder
Eisenach-Ost

Der Thüringer Graf Ludwig von Schauenburg, genannt Ludwig der Springer, soll mit den Worten „Wart! Berg, du sollst mir eine Burg werden" 1067 die Gründung der legendären Feste verkündet haben. 1080 folgte die erste urkundliche Erwähnung. Für Generationen war die Anlage im Besitz der Ludowinger.

Der Legende nach war die Burg unter dem kunstsinnigen Thüringer Landgrafen Hermann I. Austragungsort des Sängerkriegs. Bei den Gebrüdern Grimm heißt es in der Sage „Der Wartburger Krieg": „Auf der Wartburg bei Eisenach kamen im Jahr 1206 sechs tugendhafte und vernünftige Männer mit Ge-

Die berühmtesten Dichter ihrer Zeit sollen sich 1206 auf der Wartburg zum **Sängerstreit** versammelt haben (Codex Manesse, Anfang des 14. Jahrhunderts)

sang zusammen und dichteten die Lieder, welche man hernach nennte: den Krieg zu der Wartburg. Die Namen der Meister waren: Heinrich Schreiber, Walther von der Vogelweide, Reimar Zweter, Wolfram von Eschenbach, Biterolf und Heinrich von Ofterdingen." Letzterer stimmte der Überlieferung nach nicht hinreichend in die Loblieder auf den gastgebenden Landesherrn ein, er wurde daher als Verlierer bestimmt und sollte dem Henker übergeben werden. Es gelang Heinrich aber, den seinerzeit berühmten Sänger Klingsor als Schiedsrichter zu gewinnen. Dieser war nicht nur als Barde weithin bekannt, sondern auch als Sterndeuter. Klingsor schlichtete den sagenhaften Sängerstreit, der genau am Tag der Geburt der später zur Heiligen ernannten Elisabeth von Thüringen stattfand, sagte deren Zukunft mit dem Sohn des Thüringer Landgrafen voraus und errettete so den Verlierer vor dem Schafott.

Ob sich der Sängerstreit tatsächlich und auf diese

Öffnungszeiten
Apr.–Okt.
tgl. 8.30–17 Uhr (letzte Führung) / 20 Uhr (Außenanlage)
Nov.–März
tgl. 9–15.30 Uhr (letzte Führung) / 17 Uhr (Außenanlage)

Gründung der Burg		Sängerkrieg auf der Wartburg			
	Erste urkundliche Erwähnung		Elisabeth von Thüringen lebt auf der Burg		
				Luther weilt auf der Burg	
1000	1067 1080	1200	1206 1211–1227	1500	1521–1522

Weise zugetragen hat, ist heute umstritten. Zweifellos ist die mit ihm verbundene Textsammlung ein herausragendes Zeugnis der Dichtung jener Zeit und hatte großen Einfluss auf die deutsche Literaturgeschichte. Zahllose Gedichte, Novellen und Romane beziehen sich auf das Ereignis. Richard Wagner thematisierte es in seiner Oper „Tannhäuser". Und noch etwas steht fest: Besagte Elisabeth wurde tatsächlich zu jener Zeit geboren.

Von 1211 bis 1227 lebte Elisabeth von Thüringen auf der Wartburg. Die gebürtige ungarische Prinzessin wurde bereits als Kleinkind dem ältesten Sohn des Thüringer Landgrafen, Ludwig IV. von Thüringen, versprochen. Bereits als Vierjährige brachte man sie mitsamt einer reichen Mitgift nach Thüringen, und sie wuchs in der Familie ihres künftigen Gatten auf.

Der **Sängersaal** erinnert an die Legende vom literarischen „Krieg" auf der Wartburg

Schon in jungen Jahren stand sie dem höfischen Prunk auf der Wartburg ablehnend gegenüber. 1221 heiratete die 14-jährige Elisabeth den inzwischen regierenden Ludwig IV., und die beiden führten eine für jene Zeit moderne Ehe. So ist überliefert, dass Elisabeth die Mahlzeiten entgegen den Gepflogenheiten der Zeit neben ihrem Mann einnahm. Als die fromme Landgräfin sich mehr und mehr der Hilfe für Arme und Kranke widmete, unterstützte ihr Gemahl sie. Gemeinsam gründete das Ehepaar 1223 ein Hospital in Gotha, später ließ sie ein weiteres in Eisenach einrichten. Als der Hungerwinter 1225/26 das Volk mit ganzer Härte traf, ließ die Landesfürstin die landgräflichen Kornkammern öffnen. Doch sie gab den Armen nicht nur Almosen, sondern half selbst in den Hospitälern, spann Wolle und webte mit ihren Dienerinnen Tücher, die sie unter den Armen verteilte.

Nach dem frühen Tod ihres Gatten geriet sie in eine familiäre Fehde um die Erbschaft. Bald lebte sie in einfachen Verhältnissen, die letzten Jahre ihres kurzen Lebens verbrachte sie als Spitalschwester in Marburg. 1231 starb sie mit nur 24 Jahren. Bald darauf begann das Verfahren zu ihrer Heiligsprechung – Dutzende Wunder wurden protokolliert, viele betrafen die Heilung von Heranwachsenden. 1235 wurde Elisabeth heiliggesprochen. In der Folge rankten sich zahlreiche Legenden um sie, die wohl bekannteste erzählt über das „Rosenwunder". Danach soll die junge Frau mit einem Korb Brot für die Armen in die Stadt gegangen sein. Ihrer Schwiegermutter, die ihre Barmherzigkeit ablehnte, erklärte sie, Rosen im Korb zu tragen. Als Elisabeth auf Verlangen der bösen Schwiegermutter das Tuch vom Korb

Die ungarische Prinzessin **Elisabeth** (1207–1231) widmete als Landgräfin von Thüringen ihr Leben den Armen und Kranken (Hans Holbein d. Ä., 1516)

Getarnt als Ritter, verbarg sich **Martin Luther** (1483–1546) auf der Burg (Lucas Cranach d. Ä., um 1521)

Fortschrittlich gesinnte Studenten trafen sich zum **Wartburgfest**, um gegen die deutsche Kleinstaaterei zu protestieren

nahm, kamen tatsächlich prächtige Blumen zum Vorschein.

Knapp dreihundert Jahre später sollte ein Theologe auf der Wartburg Geschichte schreiben und für tiefgreifende Veränderungen in der europäischen Gesellschaft und Kultur sorgen. Martin Luther war 1521 mit einer sogenannten Reichsacht belegt und damit für vogelfrei erklärt worden. Zu seiner Sicherheit wurde er auf die Wartburg verbracht. Als Junker Jörg getarnt, blieb er zehn Monate auf der Burg und nutzte diese Zeit, um das Neue Testament ins Deutsche zu übersetzen.

Später wurde die Wartburg zu einem Zentrum des weltlichen Protests. Zum Wartburgfest trafen sich am 18. Oktober 1817 etwa fünfhundert fortschrittliche Studenten und eine Reihe von Professoren, um gegen die reaktionäre Politik und die Kleinstaaterei zu protestieren und für einen Nationalstaat mit einer eigenen Verfassung einzutreten. Es war der Auftakt zu den Wartburgfesten der Studentenverbindungen, bis heute nutzen die – als mittlerweile weniger fortschrittlich geltenden – Burschenschaften die Wartburg als Treffpunkt.

Die Wartburg ist, nicht zuletzt aufgrund dieser eindrucksvollen Geschichte, ein beliebtes Touristenziel. Das noch erhaltene Hauptgebäude aus dem 12. Jahrhundert, der Palas, gilt als Kostbarkeit spätromanischer Baukunst. Bereits im 19. Jahhundert wurde die mittelalterliche Bausubstanz restauriert und durch Neubauten ergänzt. Die einzigartige Kunstsammlung der Wartburg war bereits auf Empfehlung von Johann Wolfgang von Goethe begründet worden und zeigt heute Werke aus acht Jahrhunderten, darunter Gemälde von Lucas Cranach.

So wundert es nicht, dass die Wartburg 1999 als erste deutsche Burg in die Weltkulturerbe-Liste der UNESCO aufgenommen wurde. In den prächtigen Räumlichkeiten finden heute neben „Tannhäuser"-Aufführungen auch die berühmten Wartburgkonzerte und vielerlei andere Veranstaltungen statt. Eine besondere Tradition wird seit über hundert Jahren gepflegt: Kinder – und andere leichte Menschen unter 60 Kilo – dürfen den Aufstieg zur geschichtsträchtigen Burg auf einem Esel bewältigen.

Der **Festsaal** bietet eine prachtvolle Kulisse für Veranstaltungen

Historische **Kammer** in der Burg

Adresse
Auf der Wartburg 1
99817 Eisenach
03691 – 2500
www.wartburg.de

Erfurt
und Umgebung

Schloss Tenneberg, Waltershausen

Nur ein paar Hundert Meter westlich der Innenstadt von Waltershausen ragt ein Bergsporn in die Höhe. Hier auf den Waltershäuser Vorbergen des Thüringer Waldes thront das Schloss Tenneberg, ein geschichtsträchtiger Ort und zugleich der Schauplatz einer tragischen Sage.

9 **Anfahrt**
Bhf. Waltershausen,
dann Bus 841
Per Auto: A 4, Ausfahrt
Gotha-Boxberg oder
Waltershausen

Der Legende nach spukt im Schloss Tenneberg um Mitternacht des Öfteren eine weiße Frau. Stumm zieht sie ihre Runden durch die Gemächer. Sie ist der Geist einer armen Sünderin – oder vielleicht doch einer zu Unrecht Beschuldigten? Man schreibt das Jahr 1559, als der Überlieferung zufolge eine edle Dame auf das Schloss kommt. Sie nennt sich Anna von Kleve und behauptet, die geschiedene Gattin des englischen Königs Heinrich VIII. zu sein. Sie gewinnt das Vertrauen des Herzogs. Doch nach einer Weile wird dieser misstrauisch – und alsbald wird die Frau als Hochstaplerin enttarnt. Sie wird gefoltert und verstrickt sich unter Qualen in widersprüchliche Angaben zu ihrer Herkunft. So behauptet sie mal, die uneheliche Tochter des Herzogs von Kleve

und einer Kammerzofe der verstorbenen Königin Anna zu sein, mal gibt sie sich als entflohene Zofe der Herzogin aus. Zur Strafe wird die Betrügerin zu lebenslanger Haft auf Schloss Tenneberg verurteilt. Man sperrt sie in den Turm ein, vermauert die Tür ihrer Zelle und lässt nur ein kleines Loch, durch das der Gefangenen das Essen gereicht wird. Eines Tages jedoch verschwindet die Frau spurlos aus dem Turm. Seither soll sie als weiße Frau durch die Räume des Schlosses geistern.

Bevor die arme Delinquentin – von der Forscher heute annehmen, dass sie tatsächlich ein illegitimer Spross der Familie von Kleve gewesen sein könnte – ihre grausame Strafe antreten musste, blickte die Anlage auf dem Bergsporn allerdings schon auf eine jahrhundertelange Geschichte zurück. Reste eines tiefen Quergrabens weisen sogar auf eine vorgeschichtliche Wallburg hin.

Erstmals urkundlich erwähnt wird Tenneberg 1176 als landgräfliche Burg. Hier hielten sich in der Folge mehrfach Landgrafen auf, die auch den Ausbau der Ortschaft zu einer Stadt veranlassten. 1391 ließ der wettinische Landgraf Balthasar die Burganlage umfassend verändern. Ab 1440 diente diese zeitweilig den Herzögen von Sachsen als Residenz oder – häufiger – als Jagdschloss. In der Hauptsache war sie allerdings Gerichts- und Verwaltungssitz des Amtes Tenneberg.

Durch eine Landesteilung fiel das Schloss 1572 an das Herzogtum Sachsen-Coburg. Der junge Herzog Johann Casimir nutzte Tenneberg für seine Ausritte im thüringischen Teil seines Herzogtums. Er ließ die Burg zum Renaissanceschloss umbauen. Im Dreißigjährigen Krieg diente die Anlage mehrfach als Rückzugsort für die herzogliche Familie.

1640 fiel das Schloss an das neue Herzogtum Sachsen-Gotha. Der Landesfürst Herzog Ernst I., genannt der Fromme, weilte bis zur Fertigstellung seiner Gothaer Residenz sechs Monate lang auf dem Tenneberg. An dem fand offensichtlich auch Friedrich II. Gefallen, denn auf den Enkel von Ernst I. gehen die letzten wesentlichen Umbauten zurück, die dem Schloss bis heute seinen Charakter geben.

Nur als Puppe begegnet den Besuchern von Schloss Tenneberg die **weiße Frau**

Johann Casimir, Herzog von Sachsen-Coburg (1564–1633), ließ die Burg zum Renaissanceschloss umbauen (Wolfgang Kilian, 1621)

Öffnungszeiten
Apr.–Okt.
Mi–So 10–17 Uhr
Nov.–März
Mi–So 10–16 Uhr

**Ersterwähnung als land-
gräfliche Burg**

**Beginn der Nutzung als Residenz,
Jagdschloss sowie Gerichts- und
Verwaltungssitz**

Umbau zum Schloss

1100	**1176**	1200	1300	**1391**	1400	**1440**	1500

Herzog **Friedrich II.**
(1676–1732) veranlasste
Umbauten (Christian
Schilbach, um 1730)

Schloss Tenneberg 1862

Zwischen 1718 und 1729 leitete Baumeister Johann Erhard Straßburger unter Aufsicht von Generalmajor Wolf Christoph Zorn von Plobsheim die umfangreichen Arbeiten. Der Bergfried wurde abgetragen, die Kapelle erweitert, das Tor umgebaut, und das neue Treppenhaus und der neue Festsaal wurden errichtet. Letzterer gilt heute als das Prunkstück des Schlosses. Er ist einer der drei noch erhaltenen Barockräume und wird für die gelungene Komposition von Architektur, Plastik und Malerei bewundert. Das Deckengemälde stammt von dem Thüringer Hofmaler Johann Heinrich Ritter, nach dem der Raum auch Rittersaal benannt wurde. Der Maler schuf auch das Deckengemälde in der prunkvollen Schlosskapelle, die mit einer Orgel des Arnstädter Hoforgelbauers Johann Christoph Thielemann aus dem Jahr 1721 aufwartet. 2017 wurde diese aufwendig saniert.

Grundlegende Umbauten,
unter anderem Errichtung
des Festsaals

Eröffnung des städtischen
Heimatmuseums

| 1600 | 1700 **1718–1729** | 1800 | 1900 **1929** | 2000 |

Im Fest- oder Rittersaal wurde 1929 das städtische Heimatmuseum eröffnet, das bis heute im Schloss zu Hause ist. Nach 1945 diente das Schloss zeitweise als Schule und als Wohnraum. Die Anlage verschliss mit den Jahrzehnten zunehmend. Inzwischen sind jedoch umfangreiche Sanierungsarbeiten erfolgt, und das Schloss zeigt sich wieder als echte Perle. Ein Schloss-café lädt zu Speis und Trank im romantischen Ambiente ein.

Einen besonderen Schwerpunkt des Museums bildet neben Stadtgeschichte und Volkskunde die Puppenausstellung. Das hat einen guten Grund: Fast zweihundert Jahre lang war die Puppenproduktion ein wesentlicher Wirtschaftsfaktor für die Stadt. Bereits 1816 setzte der Handelsmann Johann Daniel Kestner jun. Papiermaché zur Herstellung von Puppenköpfen ein – zuvor hatte man diese traditionell

Ein Deckengemälde von Johann Heinrich Ritter ziert die Schlosskapelle

Der **Festsaal** wird – nach dem Hofmaler – auch Rittersaal genannt

aus Holz geschnitzt. Die Neuerung gilt als entscheidender Schritt hin zu einer industriellen Fertigung von Puppen. Die ledernen Bälge, Arme und Beine wurden zunächst in Heimarbeit mit Sägespänen ausgestopft, und mit der entsprechenden Bekleidung versehen, wurden die fertigen Puppen anschließend in der ganzen Welt vertrieben. Die Waltershäuser Puppenindustrie, die 1904 auf der Weltausstellung im amerikanischen St. Louis ausgezeichnet wurde, beschäftigte zu dieser Zeit rund 2000 bis 2500 Arbeiter in 13 Fabriken.

In der DDR wurde die Fabrikation zu einem Betrieb zusammengefasst, der ab 1976 den Namen VEB Pup-

Schloss Tenneberg beherbergt heute ein **Museum** mit mehreren Dauerausstellungen

penfabrik „Biggi Waltershausen" trug. 1990 mussten die meisten Bereiche der Waltershäuser Puppenindustrie schließen, lediglich eine einzige Manufaktur setzte noch bis 2003 die Produktion fort. Heute zeugt nur noch das Museum auf Schloss Tenneberg von der großen Tradition der Puppenherstellung in Waltershausen.

Auch die weiße Frau ist als Puppe zu bewundern. Ob sie noch immer durch die Flure des Schlosses spukt oder aber, wie manche behaupten, schon vor Jahrhunderten ihr gruseliges Tun beendet hat, erfährt der Besucher freilich allenfalls bei einer Waltershäuser Museumsnacht. Denn normalerweise haben die Gäste das Schloss und das Museum längst verlassen, wenn die Geisterstunde naht.

Einen Schwerpunkt des Museums stellt die **Geschichte der Puppenindustrie** in Waltershausen dar

Adresse
Tennebergstr. 1
99880 Waltershausen
03622 – 630126
www.waltershausen.de

Schloss Friedenstein, Gotha

Im Jahr 1640 wurde das Herzogtum Sachsen-Weimar aufgeteilt. So wurde Ernst I. Herzog von Sachsen-Gotha. Doch die neue Residenzstadt Gotha am südlichen Rand des Thüringer Beckens hatte ihm zunächst keine angemessene Bleibe zu bieten, da die Burg Grimmenstein schon Jahrzehnte zuvor geschleift worden war. Kaum im Amt, ließ der Herzog daher ein Schloss errichten.

10 Anfahrt
Bhf. Gotha, dann 10 Min. Fußweg
Per Auto: A 4, Ausfahrt Gotha, dann B 247

Bei der Planung seines neuen Schlosses hatte Herzog Ernst I. von Sachsen-Gotha von Beginn an Großes im Blick: Es sollte in Gotha nicht nur eine Wohn- und Repräsentationsstätte entstehen, der Herrscher wollte auch Verwaltungen, Wirtschaftsräume, Zeughaus, Münze und Kirche unter einem Dach vereinen. Das anspruchsvolle Vorhaben, an dessen Ende nichts weniger als der größte deutsche Schlossbau des 17. Jahrhunderts stehen sollte, brauchte seine Zeit. 1643 wurde der Grundstein für Schloss Friedenstein gelegt, bis 1654 dauerten die Bauarbeiten unter der Leitung des Baumeisters Andreas Rudolph und nach den Plänen des Architekten Caspar Vogel. Der

Schlossbau fiel somit in den ausgehenden Dreißig-
jährigen Krieg und die unmittelbare Nachkriegszeit.
In seiner Hoffnung auf eine friedliche Epoche nannte
Ernst I. das Schloss „Friedenstein". Bis heute mahnt
eine Inschrift über dem stadtseitigen Hauptportal:
„Friede ernehret – Unfriede verzehret".

Von Schloss Friedenstein aus regierte Ernst I. sein
Herzogtum. Er legte großen Wert auf Religion und
Kirche als Stützen seiner Regentschaft, was auch in
seinem Beinamen Ernst der Fromme zum Ausdruck
kommt. Zugleich machte er sich weit über die Gren-
zen seines Landes hinaus einen Namen als Reformer.
Er gründete das Gothaer Gymnasium und förderte
die allgemeine Grundbildung. Der „Schulmethodus"
von 1641 gilt als erste eigenständige und unabhän-
gig von der Kirche verfasste Schulordnung für das
Elementarschulwesen. Im Jahr darauf führte er die
Schulpflicht für Fünf- bis Zwölfjährige ein.

Vor allem aber reformierte der Herzog die Verwaltung seines Landes. Er erließ eine umfassende Lan-
desordnung und eine Prozessordnung, die das Han-
deln von Justiz und Verwaltung regelten, eine eigene
Medizinalpolizei beaufsichtigte das Gesundheits-
wesen. Er galt in Wirtschaftsfragen als nüchtern und
in seiner Ordnungsliebe als geradezu pedantisch.
Der Staatsgelehrte Veit Ludwig von Seckendorff
nahm das von Ernst I. regierte Land als Vorbild für
seinen Leitfaden „Teutscher Fürsten-Staat", mit dem
die deutschen Regenten instruiert werden sollten,
den Reichtum, die Gerechtigkeit sowie die staatliche
Sicherheit und Ordnung zu wahren und zu mehren.

Während der Regentschaft des Herzogs florier-
te und wuchs das Land. Er erbte von Friedrich Wilhelm III., mit dessen Tod die Linie Sachsen-Altenburg
ausstarb, große Teile von dessen Gebiet, was zur
Begründung des Hauses Sachsen-Gotha-Altenburg
führte. Auch übernahm er die Hälfte von Sachsen-
Eisenach und tätigte einige andere Erwerbungen. Es
gab also viel zu verwalten im Schloss Friedenstein.

Als Ernst I. 1675 das Zeitliche segnete, hinterließ
er nicht nur ein wohlbestelltes Land, sondern auch
eines der schönsten aller Thüringer Schlösser. Die
Nachkommen nahmen immer wieder Ergänzungen

Nachdem ihm Sachsen-
Gotha zugefallen war,
initiierte Herzog **Ernst I.**
(1601–1675) mit Frieden-
stein den größten deut-
schen Schloss-Neubau
seiner Zeit

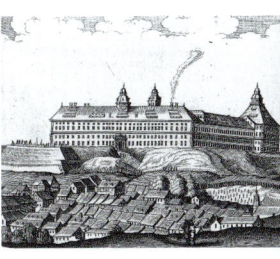

Schloss Friedenstein kurz
nach seiner Erbauung
(Georg Andreas Böckler,
1664)

Öffnungszeiten
Museen im Schloss:
Apr.–Okt.
Di-So, Feiertag 10–17 Uhr
Nov.–März
Di-So, Feiertag 10–16 Uhr
Geschlossen am 24./31.12.

Die Gothaer Orangerie ist eine der größten im deutschsprachigen Raum

an dem Bau vor oder ließen nahebei neue Bauwerke errichten. Die Festungsanlagen wurden teilweise abgetragen, und ein englischer Garten wurde angelegt, der zu den ältesten Landschaftsparks auf dem europäischen Kontinent zählt. Als Sommerresidenz kam das Schloss Friedrichsthal östlich des Areals hinzu. Herzog Friedrich III. von Sachsen-Gotha-Altenburg ließ im 18. Jahrhundert eine Orangerie anlegen. Hier wurden exotische Pflanzen gesammelt, gezüchtet und gezeigt. Bis heute ist die Gothaer Orangerie eine der größten im deutschsprachigen Raum.

Das Herzogliche Museum ist ein Juwel der Gothaer Museumslandschaft

Nicht zuletzt durch das Wirken des Hofes erwarb sich Gotha weithin den Ruf einer Stadt der Naturwissenschaften. Ein Vorgängerbau der berühmten Gothaer Seeberg-Sternwarte entstand ebenso wie ein Physikalisches Kabinett. Die Bestände der berühmten Bibliothek wuchsen. Für die musischen Freuden entstanden das Ekhof-Theater als ständige Spielstätte und umfangreiche Kunstsammlungen. So entwickelte sich eine unvergleichliche Kulturlandschaft, die heute unter dem griffigen Namen „Barockes Universum Gotha" vermarktet wird. Zu ihr

Der Englische Garten wird angelegt

Errichtung des Denk-
mals für Ernst I.

Bau des Herzoglichen
Museums

1769 1800 **1864–1879** 1900 **1904** 2000

gehört auch das Herzogliche Museum, das Herzog
Ernst II. von Sachsen-Coburg und Gotha zwischen
1864 und 1879 an der Südseite des Schlosses erbau-
en ließ. Es machte der Öffentlichkeit einen bedeutenden Teil der kunsthistorischen und naturkundlichen
Sammlungen zugänglich.

Heute beherbergt das Ensemble gleich eine ganze Reihe von Museen. Das Schlossmuseum zeigt die
ehemaligen herzoglichen Wohn- und Repräsentationsräume, in der Kunstkammer sind Kunstwerke aus
Elfenbein, Bernstein, Silber und Emaille zu sehen.
Eine umfangreiche Münzsammlung ist im Münz-
kabinett ausgestellt. Auch die Kasematten können
im Rahmen von Führungen erkundet werden. Im
ehemaligen Pagenhaus des Schlosses sitzt das For-
schungszentrum Gotha der Universität Erfurt für
kultur- und sozialwissenschaftliche Studien. Die For-
schungsbibliothek gilt als eine der bedeutendsten
nationalen Bibliotheken mit historischen Beständen
des 16. bis 18. Jahrhunderts.

Das Ekhof-Theater mit der ältesten funktionieren-
den barocken Bühnenmaschinerie kann im Rahmen
von Führungen besichtigt werden, hier werden im
Sommer aber auch barocke Stücke aufgeführt sowie
Konzerte und Lesungen veranstaltet. Auch im Historischen Museum und im Museum der Natur können
Ausstellungen besucht werden. Allerdings werden
einzelne Teile des „Barocken Universums" wegen
eines auf viele Jahre angelegten, komplexen Sanie-
rungsprogramms nicht jederzeit zugänglich sein.

Ernst I. hat übrigens bis heute ein wachsames
Auge auf Gotha. An der Nordseite des Schlosses wurde im Jahr 1904 ein überlebensgroßes Bronzedenk-
mal des Herzogs errichtet.

Sein Entstehen verdankt
das Herzogliche Museum
Ernst II., dem kunst-
sinnigen Herzog von
Sachsen-Coburg und
Gotha (1818–1893)

Adresse
Schlossplatz 1
99867 Gotha
03621 – 82340
www.stiftungfriedenstein.de

Burg Gleichen, Wandersleben

Diese Burg ist wahrlich sagenhaft – und ihre beiden Geschwister ebenso. Wer Thüringen auf der A 4 in Richtung Westen durchquert, sieht kurz nach dem Erfurter Kreuz rechter Hand auf einem Bergkegel die Ruine der Burg Gleichen, auf der anderen Seite thronen die Ruine der Mühl- und die Wachsenburg.

11 **Anfahrt**
Bhf. Gotha, Wandersleben
oder Neudietendorf,
dann Bus 870 oder Bhf.
Arnstadt, dann Bus 354
Per Auto: A 4, Ausfahrt
Wandersleben / Mühlberg

Eine alte Sage erzählt vom Grafen von Gleichen, mal Ernst, mal Ludwig genannt. Einig sind sich die Überlieferungen darin, dass der Graf mit Landgraf Ludwig IV. im Jahr 1227 auf einen Kreuzzug zieht und seine Gemahlin mit zwei Kindern zurücklässt. Er wird gefangen genommen und von einem Sultan über Jahre als Sklave gehalten. Eine schöne Tochter des Sultans verliebt sich in ihn. Voller Leidenschaft verspricht sie, ihn zu befreien, wenn er sie in seine Heimat mitnehmen und heiraten wolle. Aus ihrer Kultur kennt sie die Mehrehe von Männern, so ficht es sie nicht an, dass der Graf bereits vermählt ist.

Die Flucht gelingt. Sogleich eilt der Graf nach Rom, wo der Papst die Geliebte tauft und dem Grafen die

Erlaubnis zu einer zweiten Ehe gibt. Wieder auf Burg Gleichen, erklärt er seiner Gemahlin, dass er ohne die Sultanstochter immer noch ein Sklave wäre, seine Frau Witwe und die Kinder Waisen. Die Gräfin ist überglücklich, ihren Mann wiederzusehen, und auch mit seiner neuen Ehegattin versteht sie sich prächtig. Die beiden Frauen teilen mit dem Grafen das Bett und nach ihrem Tod sogar das Grab.

Heimkehr des Grafen von Gleichen mit der Sultanstochter (Christian August Vulpius, 1814)

Relikte sollen die Sage belegen. So gibt es etwa im Erfurter Dom einen Leichenstein, der einen Ritter mit einer Gemahlin zur rechten und einer zur linken Seite zeigt. Der Burgweg von Freudental zur Burg Gleichen, an dem sich die beiden Frauen der Legende nach erstmals begegneten, wird zudem Türkenweg genannt.

Zu jener Zeit, da die Ritterlegende entstand, war Burg Gleichen schon an die zweihundert Jahre alt. Bereits 1034 soll sie im Besitz der Grafen von Weimar gewesen sein. Für 1088 ist verbrieft, dass Kaiser Heinrich IV. die Burg belagerte – allerdings ohne Erfolg. Bauliche Reste aus dieser Phase sind jedoch nicht nachweisbar, da man im 12. Jahrhundert die Spitze des Bergkegels abtrug, um mehr Platz für die Festung zu schaffen. Die Bedeutung der Burg nahm zu, weil sie an der wichtigen Fernhandelsstraße Via Regia lag. Die Anlage gelangte 1130 an das Erzbistum Mainz und wurde um 1139 an die Grafen von Tonna belehnt. Graf Erwin II. benannte sich 1162 als Erster nach der Burg.

Portal aus dem Jahr 1588

Die bauliche Substanz der heutigen Ruine stammt zu großen Teilen aus dem 13. Jahrhundert. Zwar wurde die Burg über Jahrhunderte als Festung genutzt, mehrfach zerstört und wiederaufgebaut und sogar

Öffnungszeiten
Apr.–Okt.
tgl. 10–18 Uhr

	Belagerung der Burg Gleichen durch Kaiser Heinrich IV.					
Ersterwähnung der Mühlburg		Belehnung der Burg Gleichen an die Grafen von Tonna				

700 **704**	**1000**	**1088** 1100 **1139**	1200	1300	1400

Einige der Kellergewölbe der Burg Gleichen können heute besichtigt werden

Teile der Burg sind als Ruine erhalten

im 16. Jahrhundert noch um einen Renaissance-bau erweitert. Doch 1599 wurde das Schloss in Ohrdruf zum Sitz der Grafen von Gleichen, 1631 starb das Grafengeschlecht schließlich aus, und in der Folge verfiel die Burg zunehmend. Im 19. Jahrhundert erwarb sie ein Freiherr von Müffling, der die Burg jedoch weiter verfallen ließ und sie als Steinbruch für Baumaterialien missbrauchte.

Erhalten sind heute etwa der Torbau, Reste des romanischen Palas sowie des Herrenhauses und mehrere Keller. Auch der bergfriedähnliche Turm ragt heute noch in die Höhe. Der ursprüngliche Turm wurde im 14. Jahrhundert auf knapp 19 Meter erhöht, das Brüstungsmauerwerk der Turmplattform entstand 1897 bei einer Reparatur im Zuge erster Arbeiten zur Sicherung und Erhaltung der Burg.

Vom Turm der Burg Gleichen hat der Besucher ei-

Umzug des Grafen von Gleichen auf das Schloss in Ohrdruf		Die Wachsenburg wird Sonderhotel und HO-Gaststätte
	Erste Sicherungs- und Erhaltungsarbeiten an der Burg Gleichen	

1599 1600   1700   1800   **1897** 1900   **1966**   2000

nen herrlichen Blick über das Thüringer Land und auf die beiden Geschwisterburgen. Kaum zwei Kilometer Luftlinie sind es bis zur Mühlburg, knapp fünf bis zur Wachsenburg. Das Ensemble ist als „Die Drei Gleichen" bekannt – obwohl die anderen beiden Burgen nie im Besitz der Grafen von Gleichen waren.

Die Mühlburg wurde bereits 704 erstmals urkundlich erwähnt. Damit gilt sie als die älteste Burg Thüringens. Sie gelangte 1130 in den Besitz des Erzbistums Mainz und wurde an das Adelsgeschlecht der Meinharde belehnt, das allerdings 1242 ausstarb. 1362 übernahmen die Erfurter die Burg, und nach einigen weiteren Besitzerwechseln fiel sie im frühen 19. Jahrhundert an Preußen. Da war das Bauwerk allerdings schon ziemlich verfallen. Erst Anfang des 20. Jahrhunderts wurde der Bergfried zu einem

*Vom Turm der Burg Gleichen hat man einen herrlichen Blick über das **Thüringer Land***

Die **Mühlburg** gilt als die älteste Feste Thüringens

Aussichtsturm ausgebaut und mit einem Zinnenkranz geschmückt. Der Turm, in dem sich mittlerweile ein Museum befindet, kann bis heute bestiegen werden.

Die Wachsenburg ist die am besten erhaltene Burg des Ensembles. Ihre wechselvolle Geschichte reicht bis ins 10. Jahrhundert zurück. Sie gehörte unter anderem der Klosterabtei Hersfeld, den Grafen von Schwarzburg, der Stadt Erfurt, den Thürin-

Die **Wachsenburg** beherbergt heute ein Hotel und ein Burgenmuseum

ger Landgrafen, den sächsischen Kurfürsten und den Herzögen von Sachsen-Gotha. Die Anlage diente als Festung, Amt oder Zuchthaus. Ihr heutiges Aussehen bekam sie aber erst bei grundlegenden Umbauten im 19. Jahrhundert. Zwar gibt es noch erhaltene romanische Elemente wie das erneuerte Burgtor, doch große Teile sind geprägt von den Umbauten im Stil der neoromanischen und neogotischen Wehrarchitektur.

Während des Zweiten Weltkriegs wurde in der Wachsenburg eines der Depots für Museumsbestände aus dem luftkriegsgefährdeten Weimar eingerichtet, nach dem Ende der nationalsozialistischen Diktatur verschwanden einige der Schätze spurlos. 1966 wurde die Burg nach Sanierungsarbeiten zu einem Sonderhotel, das auch als Gästehaus der Regierung diente. Die dazugehörige Gaststätte wurde von der Handelsorganisation (HO) betrieben und war öffentlich zugänglich. 1991 restaurierte das Land Thüringen die Burg umfassend. Heute befindet sich die Wachsenburg in Privatbesitz und dient als Hotel und Restaurant, beherbergt aber auch das Burgmuseum.

Nach einer weiteren Legende wurden am 31. Mai 1231 alle drei Burgen bei einem heftigen Gewitter vom Blitz getroffen. Nach der Überlieferung brannten die Festungen wie drei gleiche Fackeln, fortan nannte man sie „Die Drei Gleichen".

Wer heute die Gegend erkunden will, nutzt am besten den Wanderweg durch das sagenhaft schöne Landschaftsschutzgebiet „Drei Gleichen". Der Weg ist übrigens nach dem berühmten Schriftsteller Gustav Freytag benannt, dessen Roman „Das Nest der Zaunkönige" auf der Mühlburg spielt.

Adresse
Thomas-Müntzer-Straße 4
99869 Drei Gleichen
036202 – 82440
www.burg-gleichen.de

Schloss Molsdorf

Eines seiner schönsten Barockschlösser verdankt Thüringen einem Lebemann. Reichsfreiherr Gustav Adolf von Gotter ließ ein Rittergut in Molsdorf zu einem prächtigen Lustschloss umbauen. Lange erfreuen konnte er sich an dem kostspieligen Gebäude allerdings nicht.

12 Anfahrt
Bhf. Erfurt, dann Bus 51
Per Auto: A 4, Ausfahrt Neudietendorf oder A 71, Ausfahrt Arnstadt-Nord oder Ausfahrt Neudietendorf

Gustav Adolf von Gotter liebte das Leben und genoss es in vollen Zügen. Er galt wahrlich nicht als ein Mann, der auf den Pfennig achtete. Der Sohn einer angesehenen Gothaer Beamten- und Pfarrerfamilie wurde nach dem Jurastudium und einer Kavaliersreise durch Europa zunächst herzoglicher Gesandter in Wien. Dort verkehrte er in den besten Kreisen, was ihm eine große Anzahl von Ämtern, die Gunst des Preußenkönigs Friedrich Wilhelm I. und nicht zuletzt ordentliche Einkünfte bescherte.

Doch es kam der Tag, da der viel beschäftigte Mann des Treibens der großen Welt müde wurde. Auf Luxus und ein gewisses Maß an Trubel wollte er indes nicht verzichten. So erwarb von Gotter das Rittergut in Molsdorf, das zuvor auf dem Areal einer

alten Wasserburg errichtet worden war. 1734 trat er offiziell die Lehensnachfolge für das Gut an. Das Anwesen lag in der Thüringer Idylle unweit seiner Heimatstadt Gotha. Dieser Flecken gefiel dem Adligen offenbar besser als jeder andere Ort, wie sich der Inschrift „Hicce terrarum praeter omnes angelus ridet" (frei übersetzt: Diese Ecke des Landes macht mich glücklich) am Nordportal entnehmen lässt.

Offensichtlich genügten die ursprünglichen Bauten seinen Ansprüchen nicht, und so ließ von Gotter das Schloss im Barockstil umbauen. Dafür heuerte der Lebemann bekannte Meister ihres Faches an: den Landbaumeister Gottfried Heinrich Krohne, den Schweizer Stuckateur Johann Baptist Pedrozzi sowie den Gärtner Johann Jacob Hartmann. Auch für die künstlerische Ausgestaltung des Schlosses engagierte er mit dem böhmischen Porträtmaler Johann Kupetzky, dem preußischen Hofmaler Antoine Pesne und dem Erfurter Maler Jakob Samuel Beck wahre Koryphäen jener Zeit. All die Künstler verwandelten das Anwesen ab 1736 in ein ausgesprochenes Prunkstück. Gleich mehrfach ließ der neue Schlossherr sein Lebensmotto „Vive la joie" (Es lebe die Freude) in den Verzierungen im Innern des Schlosses anbringen.

Was von Gotter schaffen ließ, war ein Lustschloss im wörtlichen Sinne. So gab es Gemälde, die Frauen

Freiherr **Gustav Adolf von Gotter** (1692–1762) ließ ein Rittergut zum Barockschloss umbauen (Johann Samuel Beck, um 1750)

Prominente Maler gestalteten das Innere, so **Johann Kupetzky** (Selbstporträt, 1711, oben) und **Antoine Pesne** (Selbstporträt mit Töchtern, 1754)

Öffnungszeiten
Di–So 10–18 Uhr
Führung zu jeder vollen Stunde und nach Vereinbarung

Beginn der Umbauarbeiten
zum Lustschloss

Bau einer Wasserburg

Übernahme des Anwesens
durch Gustav Adolph von
Gotter

| 1400 | 1500 | 1600 | 1700 | **1734** | **1736** |

Im Silbersaal ließ der Freiherr Damen verewigen, die er verehrte

in freizügigen Posen darstellten, Uhren, die neben der Zeit auch die Mondphasen zur Ermittlung der weiblichen Fruchtbarkeit anzeigten, und ein Schlafgemach mit geheimen Türen, durch die liebestolle Paare diskret zum Bett gelangten. Die Pracht im Innern ist teils bis heute zu bestaunen.

Der Freiherr feierte nicht nur frivole Feste auf seinem Schloss, er verschwendete auch Unsummen. In kurzer Zeit soll er den unvorstellbaren Betrag von drei Millionen Talern für die Umbauarbeiten und seinen ausschweifenden Lebensstil verprasst haben. Bereits 1748 zwang die Geldnot den Schlossherrn, der inzwischen zum Reichsgrafen ernannt worden war, das Schloss zu verkaufen – da halfen auch die Unterstützung durch den preußischen König

Friedrich II. und zwei Lotteriegewinne nicht. Zudem machte das wilde Leben dem Reichsgrafen zunehmend gesundheitlich zu schaffen. Seine Gönner indes hielten ihm die Stange, am Gothaer Hof war er gern gesehen, und nach seiner Genesung wurde er in die Stellung des Generalpostmeisters berufen und zu einem der fünf Minister des preußischen Generaldirektoriums in Berlin ernannt.

Nach dem Verkauf durch von Gotter begann für das Anwesen eine wechselhafte Geschichte. Denn auch die Nachfolger konnten das Schloss nur mit Mühe oder gar nicht halten. Zunächst erwarb es der württembergische Staatsminister Heinrich Reinhard Freiherr Röder von Schwende, der verkaufte es bald an Herzog Friedrich III. von Sachsen-Gotha-Altenburg. Im 19. Jahrhundert wurde der barocke Garten in einen Schlosspark umgestaltet – lediglich am westlichen Ende lassen sich die früheren Wasserkaskaden noch erahnen. Damit versuchte das Herzogshaus nicht zuletzt die Aufwände für die Haltung des Areals zu senken. Für das Jahr 1825 ist der umfangreiche Verkauf von Skulpturen griechischer Götter

Barockes Detail der **Fassade**

Im 19. Jahrhundert wurde **Schloss Molsdorf** zunehmend heruntergewirtschaftet (Die Gartenlaube, 1859)

überliefert. Über Generationen wurde das Schloss heruntergewirtschaftet.

Anfang des 20. Jahrhunderts ließ Gräfin Maria von Gneisenau Umbauten im Jugendstil durchführen. Aus dieser Zeit ist bis heute das eindrucksvolle Marmorbad aus dem Jahr 1910 zu bestaunen. Bald danach kam das Anwesen in bürgerliche Hände. 1939 kaufte der preußische Staat das Schloss samt Gelände, und an der Südgrenze des Parks wurde die Reichsautobahn erbaut. Nach dem Zweiten Weltkrieg ging das Schloss an die Stadt Erfurt über und diente kurze Zeit als provisorisches Quartier für Flüchtlinge, Zwangsarbeiter und Heimatvertriebene. Bis 1954 beherbergte es schließlich ein Kinderheim.

Nachdem zeitweilig ein Abriss des inzwischen maroden Schlosses erwogen worden war, fanden in den 1950er-Jahren erste Restaurierungsarbeiten statt. Seit 1966 ist das Schloss wieder für die Öffentlichkeit zugänglich. Im selben Jahr wurde auch der renovierte große Festsaal eröffnet. Bald fanden hier Kulturveranstaltungen und Konzerte statt. Ein Schlosscafé sorgte zusätzlich dafür, dass Molsdorf zu einem beliebten Ausflugsziel vor allem für die Bewohner der nahe gelegenen Städte Erfurt, Gotha und Arnstadt avancierte.

Eichenvertäfelte Wände mit den Bildnissen von Gönnern des Bauherrn geben dem Festsaal das Gepräge

Der **Schlosspark** erhielt seine heutige Gestalt im 19. Jahrhundert

Ab 1990 wurde das Schloss umfassend saniert und schließlich zur Besichtigung freigegeben. Vom Erfurter Hauptbahnhof fährt heute ein Linienbus bis vor das Schloss in Molsdorf, das mittlerweile ein Ortsteil der Landeshauptstadt Erfurt ist. Der Garten ist kostenlos zugänglich und lädt besonders an schönen Sommertagen zum Schlendern im Grünen ein. Im Schloss können unter kundiger Führung die Schätze aus der Zeit, da das Bauwerk als Lustschloss fungierte, besichtigt werden. Man muss kein Lebemann sein, um sich an diesem barocken Schmuckstück zu erfreuen.

Adresse
Schlossplatz 6
99094 Molsdorf
036202 – 90505

Zitadelle Petersberg, Erfurt

Auf dem Petersberg über der malerischen Altstadt der Landeshauptstadt Erfurt thront die einzige weitgehend erhaltene barocke Stadtfestung Mitteleuropas. Das weitläufige Gelände der Zitadelle gilt als ein Glanzpunkt der an Sehenswürdigkeiten nicht gerade armen Thüringer Großstadt. Es ist ein Ort, an dem es immer wieder zu geschichtlichen Wendepunkten kam.

13 Anfahrt
Bhf. Erfurt, dann Tram 3, 4, 6
Per Auto: A 4, Ausfahrt Erfurt-Bindersleben oder Erfurt-Vieselbach oder A 71, Ausfahrt Erfurt-Gispersleben

1665 wurde auf der Anhöhe in unmittelbarer Nähe zum Erfurter Domhügel der Grundstein für die Zitadelle gelegt. Das war die unmittelbare Folge einer militärischen Niederlage der Erfurter. Über Jahrhunderte hatte sich die reiche Stadt mit einer klugen Politik zwischen den Thüringer Territorialherren eingerichtet. Das Erzbistum Mainz hatte die Landesherrschaft inne, das Recht zur Schutzherrschaft besaß hingegen das mächtige Kurfürstentum Sachsen. Aus dieser Situation schlugen die Erfurter lange Zeit Gewinn, doch dann bekamen sie in dem Mainzer Erzbischof Johann Philipp von Schönborn einen machtbewussten Gegenspieler. 1663 erhielt der Erzbischof den Auftrag, die aufgrund eines erbitterten Streits

um Gebete in Erfurter Kirchen über Erfurt verhängte Reichsacht durchzusetzen. So zogen die Mainzer Truppen gegen die Stadt. Zunächst trotzten die Erfurter den Angriffen noch, doch 1664 mussten sie vor der Übermacht kapitulieren.

Schon bald nach seinem Sieg ließ der Erzbischof auf dem Petersberg eine Festung erbauen. Die Voraussetzungen waren gut, da auf der Anhöhe bereits seit Jahrhunderten ein Kloster stand. Schon 742 gründete Bonifatius das Bistum Erfurt, und 1060 richtete Erzbischof Siegfried I. von Mainz das Benediktinerkloster ein. Gut ein Jahrhundert später, 1147, weihte Erzbischof Heinrich I. von Mainz die Peterskirche. Sie ist bis heute die größte romanische Basilika Thüringens.

Dank des Klosters und der Kirche stand der Erfurter Petersberg immer wieder im Zentrum der deutschen Geschichte. Hier flehte im 12. Jahrhundert der mächtige Reichsfürst Heinrich der Löwe nach einem Streit mit Kaiser Barbarossa um Gnade, anschließend musste er für drei Jahre in die Verbannung nach England. Im 13. Jahrhundert hielt König Rudolf I. im Peterskloster einen fast einjährigen Reichstag ab und bekämpfte die Raubritter und Plünderer jener Zeit. Johannes Gutenberg soll hier um 1450 eine seiner Buchdruckmaschinen benutzt haben. In den Bauernkriegen Anfang des 16. Jahrhunderts galt Erfurt als Zentrum der Gegenreformation, aufständische Bürger und Bauern aus der Region besetzten in jener Zeit auch das Peterskloster. Während des Dreißigjährigen Krieges im 17. Jahrhundert schließlich wählte König Gustav II. Adolf von Schweden den Petersberg vorübergehend als Residenz.

Während das Kloster für die neue Zitadelle nicht weichen musste, fielen einige Häuser am Rande des Bergs den Neubauten zum Opfer. Bis 1675 ließ Erzbischof Johann Philipp von Schönborn die Festung in neu-italienischem Stil erbauen. In der ersten Bauphase wurden unter anderem die zur Stadt gewandten Bastionen errichtet, die den Erfurter Bürgern die Stärke der Mainzer Herrschaft verdeutlichen sollten.

Die Entwicklung der Kriegstechnik führte bereits

Der Kurfürst und Erzbischof von Mainz **Johann Philipp von Schönborn** (1605–1673) ließ die Zitadelle errichten (Caspar Merian, 1658)

Der schwedische König **Gustav II. Adolf** (1594–1632) residierte im Dreißigjährigen Krieg in der Festung (Lukas Kilian, 1632)

Öffnungszeiten
Außenbesichtigung jederzeit möglich

Eine **Kanone** erinnert an die militärische Vergangenheit der Anlage

Heute lädt die **Zitadelle Petersburg** zu friedlichen Spaziergängen ein

im Jahr 1707 zu einer zweiten Bauphase. Maximilian von Welsch fertigte hierfür die Pläne. Überarbeitet wurden vor allem die äußeren Befestigungsanlagen,

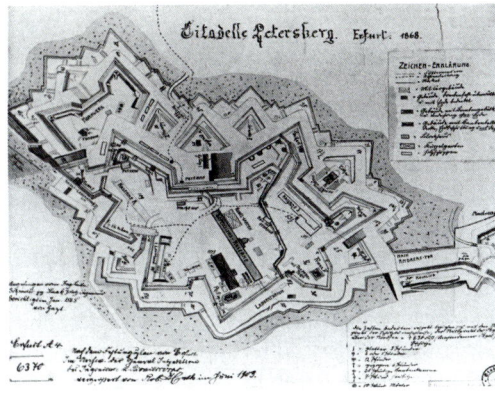

Grundriss der Zitadelle
im Jahr 1868

aber auch ein Wachgebäude wurde beispielsweise
errichtet.

In der Folgezeit verfiel das Areal allerdings zuse-
hends. So wird berichtet, dass Erfurter Bürger zum
Ärger des Mainzer Militärs ihr Vieh zum Weiden
auf den Festungsberg trieben. Die Wende kam im
19. Jahrhundert. Im Zuge der Napoleonischen Krie-
ge fiel Erfurt 1802 an das Königreich Preußen. Die
Preußen säkularisierten das Kloster, übergaben die
Anlage jedoch schon 1806 wieder an die Franzosen.
Napoleon suchte den Petersberg mehrmals auf. Nach
der Niederlage der Franzosen übernahmen die Preußen die Zitadelle erneut, nachdem sie diese in den
Kämpfen nicht hatten erobern können.

Mit dem Wiener Kongress wurde die Zitadelle
für längere Zeit zu einer der südlichsten Festungen
Preußens. So begann ab 1815 die dritte Bauphase an
der Zitadelle. Dabei entstanden etwa neue Geschütz-
stände und eine Defensionskaserne. Bis 1836 waren
die Reparaturarbeiten und der Umbau im Stil des

Der französische Kaiser
Napoleon Bonaparte
(1769–1821) verlor die
Festung an die Preußen
(Jacques-Louis David,
1812)

Unter dem deutschen Kaiser **Wilhelm I.** (1797–1888) diente die Erfurter Zitadelle als Garnison (Sophus Williams, um 1880)

Auf zwei von acht Bastionen wurde ein **Bürgergarten** angelegt

neupreußischen Befestigungssystems weitgehend abgeschlossen.

Nach dem Ende des Deutsch-Französischen Kriegs 1871 wurde deutlich, dass die Festung angesichts der fortgeschrittenen Kriegstechnik kaum mehr ausreichend Schutz bot. Daher ordnete Kaiser Wilhelm I. die Entfestigung Erfurts an. Eine vollständige Schleifung scheiterte wohl an den Kosten, von den acht Bastionen wurde lediglich die Bastion Gabriel abgetragen. Die Festung diente den Preußen weiterhin als Garnison und ab 1912 / 13 auch als Gefängnis.

In der Weimarer Republik war in der Zitadelle die Schutzpolizei untergebracht. Während der NS-Diktatur waren hier politische Gefangene inhaftiert, 1936 befand sich zudem der Stab einer Infanteriedivision auf dem Petersberg. 1945 zerstörte ein amerikanischer Granatenbeschuss Teile des Areals. Danach diente die Anlage zunächst als Unterkunft für Kriegsflüchtlinge und als Notkrankenhaus, anschließend zog die Volkspolizei ein. Erst 1964 endete die militärische Nutzung der Zitadelle. Die Gebäude wurden fortan für wirtschaftliche und pädagogische Zwecke verwendet, die der Stadt zugewandte Bastion Leonhard wurde zur Aussichtsplattform umgestaltet.

Von hier oben blicken die Besucher bis heute über

Der Petersberg bietet einen schönen Blick zum **Domhügel**

den Domplatz mit seinen Fachwerkhäusern und hinüber zum Domhügel mit dem beeindruckenden Dom und der Severikirche. Nach dem Ende der DDR begannen langwierige Erhaltungs- und Sanierungsarbeiten, die noch einige Zeit in Anspruch nehmen werden. Immerhin bedroht die Anlage mittlerweile nicht mehr die Erfurter Bürgerschaft, sondern lädt zum Spaziergang zwischen den massiven Gebäuden oder im Bürgergarten auf der Bastion Johann und Franz ein. Sogar die alten Katakomben sind heute in spannenden Führungen zu erkunden.

Adresse
Petersberg 14
99084 Erfurt
03672 – 4470
www.thueringerschloesser.de

Nordthüringen

Burg Weißensee

Glaubt man der Legende, wollte die Landgräfin Jutta Claricia von Thüringen auf der weiten Reise von der Wartburg bis zur Neuenburg bei Freyburg an der Unstrut eine Herberge haben. Deswegen ließ sie auf halbem Weg zwischen ihren beiden Grenzfesten eine Burg errichten.

14 Anfahrt
Bhf. Sömmerda, dann
Bus 201
Per Auto: A 71, Ausfahrt
Sömmerda

Jutta Claricia von Thüringen war eine starke Frau – als Halbschwester des Kaisers Friedrich I., genannt Barbarossa, genoss sie eine hohe Stellung und großes Ansehen. Sie war mit dem Landgrafen Ludwig II. von Thüringen verheiratet, der aufgrund seines konsequenten Vorgehens gegen das Raubrittertum jener Zeit den Beinamen der Eiserne trug. Der Platz auf dem sanften Hügel am Weißen See bot sich mit seiner zentralen Lage und dem weiten Blick ins Thüringer Becken für eine Burg geradezu an: Das Sumpfgebiet und der Weiße See sicherten die Anlage auf natürliche Weise.

Der Bau begann im Jahr 1168. Allerdings beanspruchte Graf Friedrich von Beichlingen den Grund und Boden, auf dem die Burg entstand, für sich und

beschwerte sich über die Bauarbeiten bei Kaiser Barbarossa. Wie berichtet wird, hat Ludwig II. den Interventionen zum Schein nachgegeben, in Wirklichkeit aber den Bau vorangetrieben. Letztlich entschied der Kaiser den Streit zugunsten seiner Schwester, und die Burg avancierte bald zur Residenz der Thüringer Landgrafen.

Als Ludwig II. im Jahr 1172 starb, übernahm sein Sohn Ludwig III. die Herrschaft. Auch wenn er den Beinamen der Milde trug, unterschied sich seine Politik nicht von der seines Vaters. Er kämpfte gegen die Adelshäuser Thüringens und der benachbarten Länder sowie gegen das Erzbistum Mainz. Auch in die große Politik der Zeit mischte er sich ein. Und so wurde Weißensee zum Schauplatz der Auseinandersetzungen zwischen Staufern und Welfen um den Königsthron. In einer Schlacht vor den Toren der Burg erlitt Ludwig III. an der Seite der Staufer im Jahr 1180 eine schwere Niederlage.

Als einer der wenigen Anwesenden überlebte er bald darauf den legendären Erfurter Latrinensturz. Der dramatische Unfall ereignete sich im Juli 1184. Der König und spätere Kaiser Heinrich VI. kam nach Erfurt, um den Streit zwischen dem Thüringer Landgrafen und Erzbischof Konrad I. von Mainz zu schlichten. Zahlreiche Adlige tagten im oberen Stockwerk der Dompropstei des Erfurter Marienstiftes, als der Boden des zweiten Geschosses plötzlich unter der Last der vielen Menschen einbrach. Die meisten Anwesenden riss es in die Tiefe, dem Aufprall hielt auch der Boden des ersten Geschosses nicht stand, und viele der armen Opfer fielen in eine darunterliegende Abtrittgrube. Qualvoll ertranken zahlreiche Männer in den Exkrementen, andere wurden durch herabstürzende Balken und Steine erschlagen. Wie der König, der geschützt in einer gemauerten Fensternische saß, überlebte auch Ludwig III. den Sturz wie durch ein Wunder.

In die Regentschaft des Thüringer Landgrafen Ludwig III. fällt die erste urkundliche Erwähnung der Burg „Wyssense" im Jahr 1174. Bis zum Beginn des 13. Jahrhunderts ließen die Ludowinger die massive Burgmauer, einen Streitturm mit angrenzenden

Münze mit dem Bildnis des streitbaren Thüringer Landgrafen **Ludwig III.** (1151/2–1190), unter dem die Burg wiederholt kriegerische Auseinandersetzungen erlebte (um 1180)

Öffnungszeiten
Apr.–Okt.
Sa, So 11–16 Uhr
stündliche Führungen, weitere Führungen nach Vereinbarung möglich

		Aufenthalt des Minnesängers Heinrich Hetzbold auf der Burg
Baubeginn		
	Erste urkundliche Erwähnung der Burg „Wyssense"	Nutzung als Verwaltungssitz
1100 **1168 1174** 1200	1300 **1319–1345** 1400	1500

Wohngebäuden und den Palas errichten. Neben der Mauer hat sich aus der ludowingischen Phase vor allem der Palas mit Turm erhalten. Ebenfalls im 12. Jahrhundert entstand das für seine Zeit ungewöhnliche Treppenhaus, das als Anbau der ursprünglichen Fassade vorgelagert und mit dem Saal im ersten Obergeschoss durch ein offenes Arkadenfenster verbunden ist. Der Saal war das Zentrum des höfischen Zeremoniells. Der Palas gilt – trotz allerhand Veränderungen im Laufe der folgenden Jahrhunderte – als einer der am besten erhaltenen romani-

Der **Palas** der Burg Weißensee ist ein Schmuckstück romanischer Baukunst

Die mittelalterlichen **Gewölbe** sind teilweise wieder für Besucher zugänglich

schen Profanbauten in Deutschland. Ein besonderes Kleinod aus jener Zeit ist die sogenannte Astsäule – sie wurde später eingemauert und dann wieder freigelegt. Das Meisterwerk staufischer Baukunst ist das einzige seiner Art nördlich der Alpen.

Nachdem die Linie der Ludowinger ausgestorben war, ging Weißensee mit den übrigen thüringischen Gebieten an die Wettiner über. Der Minnesänger Heinrich Hetzbold weilte von 1319 bis 1345 als Kastellan auf der Burg. Ab dem Ausgang des Mittelalters diente die Burg vornehmlich als Witwensitz der Kurfürsten von Sachsen. Für das 15. und vor allem das 16. Jahrhundert sind umfangreiche Umbauarbeiten verbrieft. Sie veränderten das Erscheinungsbild der Anlage erheblich, etwa durch die Aufteilung der Innenräume sowie die Erneuerung der Dachanlage und der Fenster- und Türöffnungen. An den Palas wurde darüber hinaus ein Gebäude mit kreuzgratgewölbtem Erdgeschoss angefügt, das als Alte Küche oder Marstall bezeichnet wird.

Bereits seit dem 15. Jahrhundert wurde die Burg zudem als Verwaltungs- und Wohnsitz des Amtman-

Die **Astsäule** ist ein architektonisches Kleinod aus der Zeit der Staufer

nes genutzt. Langsam geriet die große landgräfliche Geschichte der Burg in Vergessenheit, und in Akten der Neuzeit ist der Verlegenheitsname „Runneburg" (Runde Burg) verzeichnet. 1815 wurde Weißensee preußisch, in der Folge entstand auf dem Burggelände das neue Landratsamt in Form eines schlichten historistischen Klinkerbaus, der heute als Bildungsstätte genutzt wird. Ab 1952 beherbergte der Palas auch eine Schule, bevor der Gebäudeteil 1995 wegen schwerer baulicher Mängel gesperrt wurde.

Seit den 1980er-Jahren wird an der Burg gearbeitet, um das wertvolle historische Gebäude zu erhalten. Bei Grabungen zwischen Burgtor und Palas wurden weitere Teile der mittelalterlichen Burg freigelegt. Heute sind die Fundamente eines massiven Streitturms auf quadratischem Grundriss zu bewundern. Sie werden von Resten zweier steinerner Wohn-

Der Minnesänger **Heinrich Hetzbold von Weißensee** arbeitete als Kastellan auf der Burg (Codex Manesse, Anfang des 14. Jahrhunderts)

gebäude flankiert. In einem Gebäude nördlich des Palasturms fand man eine für mittelalterliche Burgen außergewöhnliche Heizungsanlage, die Wände und Fußböden durch Öffnungen wärmte. Außerdem wurde ein 27 Meter tiefer Brunnen entdeckt. In ihm fanden sich mittelalterliche Gebrauchsgegenstände wie eine gedrechselte hölzerne Weinkanne und Kleidungsstücke.

Das Burggelände ist heute wieder für Besucher zugänglich. Details über die mehr als achthundertjährige Geschichte der Feste sind in Führungen zu erfahren.

Seit den 1980er-Jahren wird an der Instandhaltung der **Burg Weißensee** gearbeitet

Adresse
Runneburg 1
99631 Weißensee
036374 – 22035
www.thueringer-schloesser.de

Schloss Sondershausen

Vom Schlossberg hat man eine herrliche Sicht auf die nordthüringische Stadt Sondershausen. Im Mittelalter überblickte man von hier zudem zwei wichtige Verkehrswege: die in Ost-West-Richtung verlaufende Straße durch das Wippertal und die von der Hainleite zu dem zwanzig Kilometer entfernten Nordhausen und weiter in den Harz führende Nord-Süd-Verbindung. Doch wirklich bedeutsam wurde der Ort erst, als er für viele Jahrhunderte zur Residenzstadt einer der wichtigsten Thüringer Adelsfamilien wurde.

15 Anfahrt
Bhf. Sondershausen, dann 20 Min. Fußweg
Per Auto: A 38, Ausfahrt 11 Nordhausen, Richtung Sondershausen

Bereits im frühen 13. Jahrhundert wird der landgräfliche Marschall Heinrich von Sondershausen als Herr der Burg Sondershausen erwähnt. Später wurden die Grafen von Hohnstein mit der Burg belehnt. Aus der Zeit um 1300 stammt auch die älteste nachweisbare Bausubstanz der Sondershäuser Burg. Dazu gehört der Turm, von dem Teile in das spätere Renaissanceschloss integriert wurden. 1356 erbten schließlich die Grafen von Schwarzburg die Burg samt den umliegenden Gebieten.

Günther XL. von Schwarzburg, genannt der Reiche oder der mit dem fetten Maule, ließ die Burg in den

1530er- bis 1550er-Jahren zu einem Schloss erweitern und orientierte sich dabei am kurfürstlich-sächsischen Renaissanceschloss Torgau. Kurz darauf machte die Linie Schwarzburg-Sondershausen das Schloss zu ihrer Residenz. In der Folge bauten die Herrscher die Anlage, die zunächst neben dem Turm noch den Süd-, den Ost- und den Alten Nordflügel umfasste, immer wieder aus und legten dabei stets größten Wert auf eine repräsentative Ausstattung. Unter Fürst Christian Wilhelm I. wurden in den 1680er-Jahren die drei Renaissanceflügel des Schlosses im Stil des Barock überarbeitet und erweitert. 1697 stieg das Geschlecht in den Reichsfürstenstand auf, was Anlass zu weiteren Baumaßnahmen gab: Westlich des Schlossgebäudes entstanden im Lustgarten die Orangerie und das Achteckhaus, ein pavillonartiger Bau in Gestalt eines regelmäßigen Achtecks von 22 Metern Durchmesser. Der Fußboden des Festsaals im Achteckhaus war ursprünglich durch einen Pferdegöpel im Keller des Gebäudes drehbar, sodass bei Bedarf ein Karussell mit Holzpferden aufgebaut werden konnte.

Auch Fürst Christian Günther III. ließ Hand an das Schloss legen: 1764 begann der Neubau des Westflügels und des Neuen Nordflügels, und so wurde das Bauwerk endgültig zu einer unregelmäßigen Vierflügelanlage. Große Pläne hatte auch Fürst Günther Friedrich Carl II.: Er verpflichtete 1836 den Schinkel-Schüler Carl Scheppig für eine umfassende

Öffnungszeiten
Di–So 10–17 Uhr
Führungen nach
Anmeldung

Wahl des Schlosses zur Residenz der Linie
Schwarzburg-Sondershausen

Bau des Schlosses

Übernahme des Gebiets
durch die Grafen von
Schwarzburg

| 1200 | 1300 | **1356** | 1400 | 1500 | **1571** | 1600 |

Der **Marstall** entstand
unter Fürst **Günther
Friedrich Carl II.**
(1801–1889; Franz Seraph
Stirnbrand, 1837)

Neugestaltung des Schlosses. Doch zu guter Letzt
wurde lediglich der Neue Marstall errichtet, kleinere Umbauarbeiten betrafen den östlichen Schlossbereich mit Schlossterrasse, Wache und Schloss-
treppe sowie den Neuen Nord- und den Westflügel
mit Rotunde. Als letzte Neugestaltung kam in den
Jahren 1914/15 eine zweigeschossige Galerie hinzu,
die Turm, Ost- und Südflügel sowie den neuen Treppenturm miteinander verband.

Auch dem Schlosspark wurde über all die Jahrhunderte viel Aufmerksamkeit gewidmet. Mitte des
16. Jahrhunderts entstanden erste Gartenanlagen,
die um 1700 unter Fürst Christian Wilhelm I. erweitert und umgestaltet wurden. Ein wesentlicher
Bestandteil des Schlossparks ist der unterhalb des
Schlossbergs gelegene Lohpark mit dem Lohplatz.

		Beginn des Neubaus von Westflügel und Neuem Nordflügel			
	Erhebung Schwarz-burg-Sonders-hausens in den Reichsfürstenstand		Beginn der Neugestaltung des Schlossparks		
1697	1700	**1764**	1800	**1837**	1900	2000

Dort wurde 1694 eine Fasanerie errichtet. 1837 begann abermals eine Neugestaltung des gesamten Schlossparks unter Garteninspektor Tobias Ekart. Witterungsbedingt kam es jedoch mehrfach zu Rückschlägen bei den Arbeiten, wodurch die Kosten stiegen. Die Folge waren Unstimmigkeiten mit dem Hofmarschallamt und die vorzeitige Pensionierung Ekarts. Der Weimarer Hofgärtner Carl Eduard Petzold entwarf 1850 schließlich neue Pläne, die unter der Leitung des späteren Gartendirektors Carl Arlt umgesetzt wurden.

1909 starb der letzte männliche Nachkomme der Linie Schwarzburg-Sondershausen, woraufhin der Vetter aus Rudolstadt, Fürst Günther Viktor von Schwarzburg-Rudolstadt, die Regentschaft bis zur Abdankung im Jahr 1918 übernahm. Die letzte Schwarzburgerin, Anna Luise, wohnte noch bis zu

Dem **Schlosspark** wurde über die Jahrhunderte viel Aufmerksamkeit geschenkt (1840)

In Blau und Weiß, den Landesfarben des Fürstentums Schwarzburg-Sondershausen, ist der **Blaue Saal** gehalten

ihrem Tod 1951 im Schloss, das durch einen Luftangriff im Zweiten Weltkrieg in Mitleidenschaft gezogen worden war. Sie genoss wegen ihrer Zivilcourage in der Zeit der NS-Diktatur hohes Ansehen bei den Sondershäusern.

In der DDR-Zeit beherbergte der Schlosskomplex unter anderem die Kulturakademie des Bezirks Erfurt, die Handelsorganisation Sondershausen sowie das Heimat- und Schlossmuseum. Inzwischen gehört das Ensemble mitsamt Park zum Bestand der Stiftung Thüringer Schlösser und Gärten und wird weiterhin museal genutzt.

Bei einem Rundgang durch das Schloss entdeckt der Besucher eine große Anzahl interessanter Sehens-

Das **Deckengemälde** im Blauen Saal stellt den Kallisto-Mythos dar

Größter Raum im Renaissancetrakt des Schlosses Sondershausen ist der **Riesensaal**

würdigkeiten. Im Turm, dem ältesten Teil des Schlosses, ist beispielsweise das mit üppiger Stuckdekoration ausgestattete „Gewölbe am Wendelstein" zu sehen. Die allegorisch-mythologischen Motive legen nahe, dass der Raum als Studierzimmer genutzt wurde. Der Blaue Saal verfügt an seinen Längsseiten über Emporen und ist mit einem Deckengemälde versehen, das den Kallisto-Mythos darstellt. Er ist in Blau und Weiß gehalten, vermutlich in Anlehnung an die Landesfarben.

Über das gesamte zweite Obergeschoss des Südflügels erstreckt sich der ab 1695 entstandene Riesensaal. 16 überlebensgroße figürliche Darstellungen antiker Gottheiten beherrschen ihn. Die Deckengemälde zeigen Motive aus den „Metamorphosen" des Ovid. Das Steinzimmer wird wegen seiner aus der Region stammenden, von Hand geschliffenen und polierten Kalksteinplättchen gern als „thüringisches Bernsteinzimmer" bezeichnet. Im Römischen Zimmer zeigen die Malereien an den Wänden fiktive römische Stadtansichten, deren dreidimensionale Wirkung so verblüffend ist, dass auch vom „Perspektivzimmer" gesprochen wird. Das frisch sanierte Achteckhaus schließlich wird als ein stilvoller Veranstaltungsort etwa für Konzerte oder Theateraufführungen genutzt.

Adresse
Schloss 1
99706 Sondershausen
03632 – 622420
www.thueringer-schloesser.de

Kloster St. Wigbert, Göllingen

Der thüringische Reichsgraf Gunther von Käfernburg war ein fleißiger und frommer Mann. Er unterstützte den Bau und die Erweiterung von Handelswegen, leistete Waffendienst bei den Kreuzzügen und wirkte als Diplomat und Missionar in Norddeutschland, in Ungarn und besonders in Böhmen. Auch im thüringischen Göllingen hinterließ er Spuren.

16 Anfahrt
Bhf. Sondershausen,
ZOB Sondershausen, dann
Bus 452
Per Auto: A 71, Ausfahrt 3
Heldrungen oder A 38,
Ausfahrt Roßla

Um das Jahr 1000 herum begründete Graf Gunther von Käfernburg im Tal der Wipper eine Propstei. Zwei Jahre stand er dieser selbst vor, dann entsagte er den weltlichen Dingen endgültig. Er trat dem Benediktinerorden bei, machte eine Pilgerreise nach Rom, wurde als Novize im Kloster Niederaltaich aufgenommen und ging schließlich als Einsiedler in den Bayerischen Wald.

Um den frommen Adligen rankt sich eine Sage. Nach ihr entsagte Gunther auch dem Verzehr von

Fleisch. Doch eines Tages wollte der König die Glaubenstreue des frommen Mannes prüfen und ließ ihm einen gebratenen Pfau auftragen. Gunther beteuerte, seinem Gelübde treu zu bleiben, doch er wurde bedrängt, etwas vom leckeren Braten zu kosten. Der Einsiedler bat Gott unter Tränen um Hilfe. Daraufhin wuchsen dem gebratenen Vogel Federn, der Pfau erhob sich von der Tafel und flog kreischend durchs offene Fenster davon.

Natürlich sagte Gunther sich auch von jeglichem Besitz los, und genau darauf geht die erste urkundliche Erwähnung des Göllinger Klosters St. Wigbert zurück – denn er übertrug der Einrichtung als Tochterkloster der mächtigen Abtei Hersfeld zahlreiche Ländereien. Im Beisein des Kaisers unterzeichnete er in der Kaiserpfalz Wallhausen am Kyffhäuser im Jahr 1005 oder 1006 eine entsprechende Urkunde.

Durch die Ländereien war das Kloster nun ein wichtiger Machtfaktor in der Region. Und so erlebte die Propstei ihre Blütezeit im Hochmittelalter. Das schlug sich auch in einer verstärkten Bautätigkeit nieder. Der kleine Bau des 11. Jahrhunderts erhielt ein Ostquerhaus, das Mitte des 12. Jahrhunderts

Die **Krypta** des Klosters St. Wigbert wird heute für Veranstaltungen genutzt

Öffnungszeiten
Apr.–Okt.
tgl. 10–16 Uhr
Nov.–März
tgl. 10–15 Uhr

noch vergrößert wurde. Um 1180 wurde der Westturm mit Chor und Krypta errichtet. Außerdem erhielt die Kirche ein westliches Querhaus. Um 1200 folgten die bis heute in einem Wirtschaftsgebäude erhaltene Ostapsis und eine weitere Krypta. Zu jener Zeit wurde der Kirchenbau abgeschlossen. Als ungewöhnlich gilt aus heutiger Sicht die Verbindung eines einfachen Saalbaus mit Querhäusern, wie sie eigentlich bei einer Basilika vorkommen. Auch die Kombination von West- und Ostchor ist eine Seltenheit in jener Zeit.

Im 13. Jahrhundert förderte Heinrich von Heldrungen als Vogt das Kloster durch die Stiftung von liturgischem Gerät und Nutzungsrechten an Waldgebieten. Während die Herrscher in der Gegend wechselten, blieb das Kloster an das Hersfelder Mutterkloster gebunden. Sowohl die Reformation als auch der Bauernkrieg spielten sich in der unmittelbaren Umgebung ab – die Schlacht bei Frankenhausen tobte zum Beispiel nur wenige Kilometer entfernt. 1525 wurde die Anlage geplündert und teilweise zerstört.

Der Westfälische Friede besiegelte den Übergang des Klosterbesitzes in eine hessische Domäne. Mit der Auflösung des Klosters 1606 wurden auch die Arbeiten an dem Bau weitgehend beendet. Das Kirchenschiff wurde nicht mehr benötigt und verschwand nach und nach. Dafür entstand anstelle eines Querhauses ein Brauhaus. Wohnräume für den Pächter und eine große Küche brauchten Platz, und Knechte und Mägde wollten untergebracht werden. Der Südostteil der Kirche entging wohl nur deshalb dem Abriss, weil er als Ziegelei genutzt wurde. Die Umnutzung zur landesherrlichen Domäne sicherte

Bedeutendster Teil der Anlage ist der **Klosterturm**

Auflösung des Klosters

Nutzung des Geländes durch
eine Konservenfabrik

Das Fürstentum Schwarzburg-
Rudolstadt wird neuer Besitzer

| 1600 | **1606** | 1700 | 1800 | **1816** | 1900 | **1945–1995** |

Allerlei Gerät erinnert an
die einstige **landwirt-
schaftliche Nutzung** des
Klosters

immerhin den Erhalt von Teilen der historischen Anlage.

1816 fiel die hessische Enklave an das Fürstentum
Schwarzburg-Rudolstadt. Im Zeitalter der Romantik
wurde die Anlage als Kleinod mittelalterlicher Baukunst zwar wiederentdeckt, die landwirtschaftliche
Nutzung im 19. Jahrhundert verhinderte aber eine
weitgehende Restaurierung im Geist des Historismus.

Nach dem Ersten Weltkrieg ging die frühere Klos-
teranlage in das Eigentum des Landes Thüringen
über, und nach dem Zweiten Weltkrieg entstand dort
eine Konservenfabrik. Für die Produktionsstätten
wurden Funktionsbauten errichtet. Zwar schloss die
Fabrik 1995, doch die Werksanlagen prägen bis heute einen Teil des Geländes.

Das alte Kloster ist inzwischen eine Ruine. Es
befindet sich seit Mitte der 1990er-Jahre im Besitz
der Stiftung Thüringer Schlösser und Gärten. Seitdem
konnten einzelne Bereiche saniert werden, darunter
der Westturm, der unter anderem die Krypta beherbergt. Diese ist zugänglich und beeindruckt mit ihrer

Der **Turm** bietet einen Blick über Göllingen und das Wippertal

Ornamentik und dem teilweise erhaltenen romanischen Estrich, der mit Schmucksteinen durchsetzt ist.

Oberhalb eines Chors geht der nahezu quadratische Grundriss des Baus in einen achteckigen Glockenturm über. Der Bau stammt aus den Jahren um 1170 und gilt als der architekturhistorisch bedeutendste Überrest der Anlage. Insgesamt erhebt er sich knapp 24 Meter in die Höhe. Das obere Geschoss ist mit Zwillingsfenstern versehen. Experten bewundern bis heute die ausgewogenen Proportionen des Turms, die hohe Qualität der Steinbear-

Eine **Ausstellung** informiert über die Geschichte des Klosters

beitung und die Gliederung der Wände mit Lisenen und Rundbogenfriesen.

Der Turm, der für Besucher offen ist, zeugt nicht nur vom blühenden Klosterleben im 12. und 13. Jahrhundert, sondern inspirierte auch zeitgenössische Künstler. So fasziniert im Turmsaal die Skulptur „Herold" des Künstlers Timm Kregel die Betrachter. Von oben hat man einen herrlichen Blick über Göllingen und das Wippertal. Auch die Krypta kann besichtigt werden, darüber hinaus finden hier Andachten, Lesungen und Konzerte statt.

In unmittelbarer Nachbarschaft betreibt der Kloster-Förderverein sein Vereinshaus „St. Gunther" und bietet günstige Übernachtungsmöglichkeiten an, die von Pilgern, Wanderern oder Jugend- und Musikgruppen gern in Anspruch genommen werden. Letztere wissen die Turmkrypta mit ihrer guten Akustik zu schätzen. Aber auch Ruhe finden die Besucher jederzeit in der alten Klosterruine.

Adresse
Klosterstraße 2
99707 Kyffhäuserland,
OT Göllingen
034671 – 52689 oder
01602763233
www.kloster-goellingen.de

Sachsenburg, Oldisleben

Blickt man von den erhaltenen Gemäuern der Unteren Sachsenburg ins Tal, lässt sich leicht ermessen, warum sich diese Stelle für den Bau einer Burganlage geradezu anbot. Unten fließt die Unstrut gen Norden, dahinter zieht sich der Höhenzug Schmücke dahin.

17 Anfahrt
Bhf. Heldrungen, dann
Bus 491, 493
Per Auto: A 4, Ausfahrt
Frankenberg

Gerade einmal ein paar Hundert Meter ist der Unstrut-Durchbruch breit, der den bezeichnenden Namen Thüringer Pforte trägt. Das ist nicht der einzige sprechende Name hier: Die Anhöhe am Osthang des Höhenzugs Hainleite heißt Wächterberg. In der Nähe wurden kostbare Rohstoffe wie Salz, Kupfer und Silber abgebaut, und durch das Tal verlief eine wichtige, den Südharz mit dem Thüringer Becken verbindende Handelsstraße. Diese versprach lukrative Einnahmen, und es galt, sie zu sichern. Kein Wunder, dass der Flecken seit Menschengedenken genau diese Funktion besaß. Archäologische Funde belegen die kontinuierliche Besiedlung von der Jungsteinzeit bis ins frühe Mittelalter und lassen auf eine ausgedehnte vorfrühgeschichtliche Wehranlage schließen.

Die **Obere Sachsenburg** ist vermutlich jünger als die **Untere Sachsenburg** (Abb. S. 106)

Forscher nehmen an, dass die ersten Befestigungen auf dem Wächterberg im 6. Jahrhundert gebaut wurden. Die Sachsen oder die Franken nahmen von der hiesigen Gegend Besitz und legten eine große Wall- und Fliehburg an. Später entstanden weitere Befestigungen. Die ersten Steinbauten sollen um die Wende zum zweiten Jahrtausend errichtet worden sein.

Im 13. Jahrhundert nutzte Graf Siegfried von Anhalt nach dem Tod des letzten ludowingischen Landgrafen Heinrich Raspe IV. geschickt die Streitigkeiten um dessen Nachfolge und besetzte das Gebiet. Später verzichtete er auf die Landgrafschaft zugunsten der Wettiner, von denen er dafür eine Entschädigung erhielt.

Doch zuvor ließ der Askanier Siegfried die eigentliche Sachsenburg 1247 erbauen. Darauf weist die erste urkundliche Erwähnung der Feste hin. In diesem Schriftstück erkannten 15 thüringische Grafen und Herren den Markgrafen von Meißen und Erben der Landgrafschaft Thüringen, Heinrich III., genannt der Erlauchte, als Landesherrn an und versicherten, die gerade erst errichtete „Saxinburg" niederzulegen. Zur Schleifung der Burg kam es offenbar jedoch nicht, denn schon ab 1254 sind Burgmannen der Landgrafen auf der Sachsenburg verzeichnet. Vermutlich ist in jener Urkunde die Untere Sachsenburg gemeint, denn die etwas jüngere Obere Sachsenburg ließ Siegfried wohl zur Verstärkung erbauen.

Ende des 13. Jahrhunderts hielt die Anlage einer Belagerung durch König Adolf von Nassau stand. 1319 ist erstmals urkundlich das Vorhandensein zwei-

Öffnungszeiten
frei zugänglich

1200	1247	1300	1319	1378–1405

Erwähnung der Oberen und der Unteren Sachsenburg

Erste Erwähnung der Burg

Untere Sachsenburg wird zum Amtssitz und schlossähnlich ausgebaut

Nutzung der Oberen Sachsenburg als Witwensitz

er Sachsenburgen belegt. Die Besitzer der Burgen wechselten häufig, vor allem durch Heirat. Zwischen 1378 und 1405 diente die obere Burg als Witwensitz, und in der Folge wurden die Burgen mehrfach verkauft oder gerieten als Pfand in neue Hände.

Später hatten die Burgen verschiedene Funktionen inne. Die Untere Sachsenburg wurde ab dem 15. Jahrhundert zum Amtssitz und schlossähnlich ausgebaut. Zum Amtsgebiet gehörten die Orte Sachsenburg, Büchel, Etzleben, Gorsleben, Griefstedt und Bilzingsleben und später auch Kannawurf. Die obere Burg wurde derweil 1539 an die Herren von Bendeleben belehnt. Die Bendelebens hielten die Burg lange Zeit, doch als Dieter Wolf von Bendeleben 1628 von marodierenden Wallonen ermordet wurde, begann ihr Verfall. 1680 ging ein düsterer Vorgang in die Annalen der Sachsenburg ein: einer der letzten

Von der **Unteren Sachsenburg** sind große Teile nur noch Ruine

Belehnung der Oberen
Sachsenburg an die Herren
von Bendeleben

Amt Sachsenburg fällt an Preußen

Räumung der Unteren Sachsenburg
wegen Baufälligkeit

| 1500 | **1539** | 1600 | 1700 | **1799** | 1800 | **1815** | 1900 |

Hexenprozesse. Dabei wurde die Greisin Anna Marie Glade zum Tode verurteilt und auf der sogenannten Hexenwiese unterhalb der Burgen gerichtet und verbrannt.

Auch die Untere Sachsenburg verlor in den folgenden Jahren an Pracht. Wie berichtet wird, musste sie 1799 wegen Baufälligkeit geräumt und der Amtssitz verlegt werden. Wenig später fiel das Amt Sachsenburg im Rahmen der Gebietsabtretungen nach dem Wiener Kongress 1815 an Preußen. Als gegen Ende des 19. Jahrhunderts in Deutschland die Burgenromantik aufkam, wurde die bereits verfallende Obere Sachsenburg zur Ausflugsgaststätte umgebaut. Das ging allerdings mit erheblichen Eingriffen in die mittelalterliche Substanz einher. Beide Burgen erlitten während des Zweiten Weltkriegs schwere Schäden, bis 1945 wurde noch das Lokal betrieben.

Beide Burgen sind mittlerweile im Besitz der Stiftung Thüringer Schlösser und Gärten, vor Ort küm-

Im 19. Jahrhundert verfielen **Untere und Obere Sachsenburg** (1841)

mert sich ein Verein um die Anlagen. Von der Oberen Sachsenburg sind noch der rund 20 Meter hohe quadratische Bergfried und die Außenwände des dreigeschossigen mittelalterlichen Wohnbaus mit Kamin erhalten. An der Nordostecke befindet sich der Ansatz der heute verschwundenen Ringmauer.

Der ebenfalls erhaltene Burgfried der Unteren Sachsenburg ragt 22 Meter in die Höhe und verfügt über eine Mauerdicke von anderthalb Metern. Er ist heute wieder begehbar und wird unter anderem für Veranstaltungen genutzt. Südöstlich des Turms sind die Reste eines an die Ringmauer angelehnten Gebäudes zu finden. Vom Hauptwohnbau, der die gesamte Südostfront der Burg einnahm und 1799 noch über dreißig Räume und Säle verfügte, finden sich ebenfalls Spuren. Unter dem Hof ist das Kreuzgewölbe gut erhalten, und ein fast 35 Meter langer Gewölbekeller hat die Wirren der Zeit überstanden.

Früher waren die beide Burgen und die kleine Kirche, deren Ruine zwischen den Burgen zu finden ist, durch Gräben und unterirdische Gänge miteinander verbunden. Heute können Besucher die Anlagen auf der Anhöhe zwar nur oberirdisch erkunden, bekommen aber trotzdem eine Menge zu sehen. So sind noch Spuren der frühgeschichtlichen Wallanlagen zu

Gewölbe in der **Unteren Sachsenburg**

Vom Wächterberg hat man eine gute Aussicht auf die **Thüringer Pforte**

erkennen, die auf insgesamt 34 Hektar mit einem weitläufigen Netz von Längs- und Querwällen sowie Längs- und Quergräben versehen waren.

Nicht zuletzt aber bietet dieser Teil der Hainleite für Wanderer idyllische Wege und immer wieder einen herrlichen Blick über das Land. Denn auch wenn es nicht mehr darum geht, die Menschen im Tal vor Räubern zu schützen oder ihnen Wegepfand abzunehmen – die Aussicht vom Wächterberg ist heute nicht weniger beeindruckend als vor vielen Jahrhunderten.

Adresse
Burgstraße
06578 Oldisleben
036374 – 36200
www.thueringer-
schloesser.de

Weimar
und Umgebung

Stadtschloss Weimar

Weimar hat weit über Thüringen hinaus einen klangvollen Namen. Zahllose Touristen kommen jedes Jahr in die Klassikerstadt und wandeln auf den Spuren von Goethe, Schiller und ihren fürstlichen Gönnern. Das Stadtschloss, der älteste Profanbau Weimars, war über Jahrhunderte das Zentrum der Kulturstadt und immer wieder auch Schauplatz großer Ereignisse.

18 **Anfahrt**
Bhf. Weimar, dann Bus 1, 4, 5, 7, 8
Per Auto: A 4, Ausfahrt Weimar

Im Weimarer Stadtschloss haben sich über Jahrhunderte die Größen aus Politik, Literatur, Kunst und Musik getroffen. Hier wurde 1617 die „Fruchtbringende Gesellschaft" zur Förderung und Pflege der deutschen Sprache gegründet, die einst die größte deutsche Sprachakademie darstellte. Johann Sebastian Bach musizierte in der Schlosskapelle, Franz Liszt gab der Zarentochter Maria Pawlowna Unterricht. Mehrfach kam Napoleon nach Weimar. Und natürlich prägte Johann Wolfgang von Goethe, dessen Person mit der Entwicklung Weimars eng verbunden ist, auch die Geschichte des Stadtschlosses. Doch die Anlage blickte bereits auf eine stolze Geschichte zurück, als der Dichterfürst an den Weimarer Hof kam.

Der **Weimarer Musenhof**: Goethe lauscht einer Lesung von Schiller (Theobald von Oer, 1860)

Bereits vor über tausend Jahre stand am Westufer der Ilm – dort, wo sich heute die Weimarer Altstadt befindet – auf einer Bodenerhebung eine Burg. Funde weisen darauf hin, dass diese nach dem Einfall fränkischer Siedler und dem Zusammenbruch des Thüringer Königreiches errichtet wurde. Erstmals erwähnt wurde die von einem Wassergraben umgebene Burg allerdings erst Ende des 10. Jahrhunderts. Der Adelssitz hatte einen Bergfried und eine Kapelle, die dem Heiligen Martin geweiht war. 975 hielt Kaiser Otto II. hier einen Hoftag ab.

Im frühen Mittelalter erlebte die Region unruhige Zeiten. Das betraf auch die Burg, die 1173/74 vom Thüringer Landgrafen Ludwig III. zerstört wurde. In der Zeit der Stadtgründung Weimars um 1250 übernahmen die Grafen von Orlamünde die wiederaufgebaute Burg. 1346 wurden die Orlamünder zu Lehensleuten der wettinischen Markgrafen. 1424 wurde die Burg erneut zerstört, dieses Mal durch einen Brand. Der Neubau, die sogenannte Hornburg, wurde nun als massiver Steinbau konzipiert. Noch heute stehen Teile davon, so der Hausmannsturm und jener Tor-

Öffnungszeiten
Zurzeit wegen Sanierung geschlossen

Ersterwähnung einer Burg						Umbau im Renaissancestil als Nebenresidenz der Ernestiner		
	Zerstörung durch den Thüringer Landgrafen		Zerstörung durch Brand					
			Übernahme der wieder errichteten Burg durch die Grafen von Orlamünde					
1100	**1173/74**	1200	**1250**	1300	1400	**1424**	1500	**1535**

bau, der später von den Hofdamen spöttisch Bastille genannt wurde.

Als das Haus Wettin 1485 zwischen den Brüdern Ernst und Albrecht aufgeteilt wurde, fiel Weimar an den künftig ernestinisch genannten Teil. Weimar wurde zur Nebenresidenz und das Stadtschloss ab 1535 im Renaissancestil umgebaut. Nach der Niederlage im Schmalkaldischen Krieg verloren die Ernestiner 1547 die Kurwürde und große Teile ihres Herrschaftsgebiets. Herzog Johann Friedrich I. von Sachsen geriet in Gefangenschaft und wählte nach

Carl August, Herzog von Sachsen-Weimar-Eisenach (1757–1828), wuchs zum Kunstliebhaber heran (Johann Georg Ziesenis, 1769)

Beginn umfassender Sanierungmaßnahmen

Weimar wird Residenzstadt

Einzug der Staatlichen
Kunstsammlungen
in das Schloss

Erneute Zerstörung und
Wiederaufbau durch Schlossbaukommission unter Goethe

| 1552 | 1600 | 1700 | 1789 | 1800 | 1900 | 1923 | 2000 | 2018 |

seiner Rückkehr 1552 Weimar als Residenz seines
nun weitgehend auf Thüringen beschränkten Herzogtums.

Die Geschichte blieb bewegt, denn 1618 fielen
weite Teile des Schlosses dem nächsten Brand zum
Opfer. Auch die hernach errichtete barocke Dreiflügelanlage, die sogenannte Wilhelmsburg, brannte
1774 nieder. In jener Zeit begann die Regentschaft
von Herzog Carl August von Sachsen-Weimar-Eisenach, der Johann Wolfgang Goethe als Vertrauten
nach Weimar holte. Die leeren Kassen zwangen den
Herzog jedoch, den Wiederaufbau zunächst für einige Jahre zu verschieben.

1789 nahm eine Schlossbaukommission unter
Goethes persönlichem Vorsitz die Arbeit auf. Der
Dichter war gerade aus Italien zurückgekehrt und
war dort vielfältig inspiriert worden. In den nächsten
Jahren beschäftigte er sich intensiv mit Fragen der
Baukunst. Als Architekt wurde Johann August Arens
berufen, der die Aufgabe bekam, die verbliebenen
Baukörper aus den vergangenen Jahrhunderten in
die Planung des neuen Schlosses miteinzubeziehen.
Noch im selben Jahr begann der Wiederaufbau als
Stadtschloss auf den Umfassungsmauern der Barock-
anlage.

Für den Innenausbau wurden Nikolaus Friedrich Thouret und Heinrich Gentz gewonnen. Die
Interieurs – vor allem im Festsaal und der Großen
Galerie, auch Falkengalerie genannt – gelten als
Höhepunkte klassizistischer Raumkunst um 1800
in Deutschland, ebenso das sogenannte Gentzsche
Treppenhaus im Ostflügel. Der Ausbau des Westflügels erfolgte erst ab 1830 nach Plänen von Cle-
mens Wenzeslaus Coudray. Zu jener Zeit wurden

Der Herzog machte
**Johann Wolfgang von
Goethe** (1749–1832)
zum Vorsitzenden der
Schlossbaukommission
(Gerhard von Kügelgen,
um 1808)

Das **Stadtschloss Weimar** nach Ausbau des Westflügels (J. W. Appleton, um 1845)

auch die Dichterzimmer zu Ehren von Goethe, Schiller, Herder und Wieland mit ihren prächtigen Wandgemälden eingerichtet. Der Südflügel, der den einst offenen Hof abschließt, entstand erst unmittelbar vor dem Ersten Weltkrieg.

Nachdem Großherzog Wilhelm Ernst von Sachsen-Weimar-Eisenach 1918 abgedankt hatte, zogen 1923 die Staatlichen Kunstsammlungen in das Schloss ein. Diese sind übrigens auch durch Goethes Wirken geprägt, denn der Dichter ließ die durch den Brand von 1774 dezimierte herzogliche Gemäldesammlung im klassizistischen Sinne neu ausrichten. Im Zweiten Weltkrieg beschädigte ein Bombenangriff Teile des Schlosses.

Bekannte Maler schmückten ab 1835 Zimmer zur Erinnerung an die wichtigsten Weimarer Literaten aus, so das **Schiller-Zimmer**

Der **Festsaal**, noch unter der Ägide von Goethe geschaffen, gilt als Meisterwerk klassizistischer Raumdekoration

In der DDR wurde das Schloss im Wesentlichen von der Stadt verwaltet. Die Kunstsammlungen nahmen weiterhin einen großen Teil der Räume ein, aber auch andere Nutzer zogen ein, darunter die Nationalen Forschungs- und Gedenkstätten der klassischen deutschen Literatur in Weimar, ein Institut für Lehrerbildung und eine Likör- und Spirituosenfabrik, die den „Schloss-Likör" herstellte. Inzwischen gehört das Schloss zum Bestand der Klassik Stiftung Weimar. 2018 begann eine umfassende Sanierung der Anlage.

Adresse
Burgplatz 4
99423 Weimar
www.klassik-stiftung.de/
stadtschloss-weimar

Burg Kapellendorf

In einem abgeschiedenen Tal im Dreieck zwischen Jena, Weimar und Apolda liegt eine Festung, die einst als Raubritterburg berüchtigt war. Die opulente und gut erhaltene Anlage prägt bis heute den kleinen Ort Kapellendorf. Die wechselvolle Geschichte der Wasserburg ist aber auch mit Thüringens Landeshauptstadt Erfurt eng verbunden.

19 Anfahrt
Bhf. Apolda, Bus 285
(Busbahnhof), dann
Bus 291
Per Auto: A 4, Ausfahrt
Apolda, dann B 87
und B 7

Der Ort Capelladorf, an dem sich wichtige Handelsstraßen kreuzten, wird bereits im Jahr 833 in einer Urkunde als Schenkung des Grafen von Asis an das Kloster Fulda erwähnt. Hinweise auf eine Burg zu jener Zeit gibt es indes nicht. Erste Belege für einen Burggrafen von Kapellendorf datieren aus dem 12. Jahrhundert. Die edelfreien Burggrafen von Kirchberg besaßen bis Mitte des 14. Jahrhunderts eine Wasserburg, die allerdings noch deutlich kleiner war als die spätere Anlage. Burggraf Dietrich III. gründete 1235 im Ort ein Zisterzienserinnenkloster, was als Beleg dafür gilt, dass die Burg der Stammsitz des Geschlechts war.

Im 14. Jahrhundert befanden sich die Kirchberger

im Niedergang, und 1348 verkaufte der klamme Burggraf Hartmann von Kirchberg die Wasserburg an die Stadt Erfurt. Die Übernahme der Kapellendorfer Burg entsprach der Erfurter Politik jener Zeit, denn die Sicherung der Handelswege war für die Stadt von enormer Bedeutung. Daher beließen es die Erfurter nicht beim Kauf, sondern bauten die Anlage auch erheblich aus. So wurde etwa eine fünfeckige Vorburg errichtet, die mit einem bis zu dreißig Meter breiten Wassergraben geschützt wurde. Bis heute sind die Spuren dieser Erweiterung zu sehen: Aus dem alten Burggraben, der seinerzeit verfüllt wurde, wurde der heutige Burghof. Zudem wurden die Kemenate und der Zwinger errichtet.

Mitte des 15. Jahrhunderts übergaben die Erfurter die Burg ausgerechnet an Apel Vitzthum zu Roßla. Der Ritter galt als Mitverursacher des sächsischen Bruderkriegs, der zu jener Zeit Teile Thüringens verwüstete, und fiel deshalb beim sächsischen Hof in Ungnade. Als neuer Herr von Kapellendorf sorgte er sogleich für Wirbel, als 1451 eine Gesandtschaft des burgundischen Herzogs wegen einer geplanten Heiratsverbindung zum sächsischen Kurfürsten Friedrich II., genannt der Sanftmütige, reiste. Apel Vitzthum überfiel die Gruppe, plünderte sie aus und verschleppte sie nach Kapellendorf. Die sächsischen Herzöge attackierten daraufhin die Burgen der Vitzhumer. Die Festung in Kapellendorf fiel nach achtwöchiger Belagerung aufgrund von Nahrungsmittel- und Munitionsmangel, und die Gefangenen wurden befreit. In der Folge kam die Burg wieder in den Besitz der Stadt Erfurt.

Allerdings fehlte es der Stadt an Geld, und so wur-

Als Herr von Kapellendorf geriet der sächsische Kurfürst **Friedrich III.** (1463–1525) in einen Bürgeraufstand (Lucas Cranach d. Ä., um 1540)

Öffnungszeiten
Di–So 10–12 Uhr,
13–17 Uhr
Führungen durch Burg und Museum nach Voranmeldung

		Achtwöchige Belagerung der Burg
Gründung eines Zisterzienserinnenklosters durch Burggraf Dietrich III.		
	Verkauf der Burg an die Stadt Erfurt	Verpfändung der Burg an die Wettiner

| 1200 | 1235 | 1300 | 1348 | 1400 | 1451 | 1500 | 1508 | 1600 |

de die Burg im Jahr 1508 an Kurfürst Friedrich III. von Sachsen, genannt der Weise, und seinen Bruder Johann den Beständigen verpfändet. Das führte zu Auseinandersetzungen in Erfurt. Die Verpfändung gilt als einer der Auslöser jener Revolte der Stadtbevölkerung gegen ihre Ratsherren, aufgrund derer 1509 als „tolles Jahr von Erfurt" in die Annalen einging.

Die Wasserburg indes verblieb bei den Wettinern und fiel bei der sächsisch-ernestinischen Landesteilung an die Weimarer Linie. 1684 zog das sächsische Justiz- und Rentamt in die Burg ein. Wieder wurden größere Umbauten vorgenommen, auch weil um die Wende zum 17. Jahrhundert mehrere Brände und Unwetter die Anlage in Mitleidenschaft gezogen hatten. Ein Bau an der Westseite der Burg diente im 18. Jahrhundert als Witwensitz. Er verfügte über ein Hauptgeschoss, Beletage genannt, und ein darüber liegendes niedrigeres Zwischengeschoss und wies Merkmale eines barocken Schlossgebäudes auf.

1806 rückte die Anlage erneut in den Mittelpunkt einer kriegerischen Auseinandersetzung, diesmal zwischen Preußen und Frankreich. Der preußische General Friedrich Ludwig Fürst zu Hohenlohe-Ingelfingen wählte die Burg während der Schlachten von Jena und Auerstedt als Unterkunft und Hauptquartier aus. Am 14. Oktober des Jahres überraschte Napoleon mit seinem morgendlichen Angriff die preußische Armee, und diese erlitt eine schwere Niederlage. Das Rückzugsgefecht bei Kapellendorf gilt als letzter Kampf in dieser sogenannten Doppelschlacht.

In den folgenden Jahren bekam die Burg mehrfach prominenten Besuch. Johann Wolfgang von Goethe und sein Sohn August weilten in Kapellendorf. Friedrich Schillers Sohn Ernst arbeitete gar im Rentamt,

Das Burgmuseum zeigt historische Gebrauchsgegenstände

Hauptlager der preußischen Truppen bei den Schlachten von Jena und Auerstedt	Nutzung als Jenaer „Universitäts-Irrenanstalt"	Eröffnung des Burgmuseums

1700	1800	**1806**	**1866–1879**	1900	**1950**	2000

das in der Burg Platz gefunden hatte. 1866 bekam die Anlage für 13 Jahre eine recht spezielle Bestimmung: Die Jenaer „Universitäts-Irrenanstalt" zog hier ein. Später wurde sie zum Domizil der örtlichen Schule. Nach dem Ersten Weltkrieg nutzten Truppen der Reichswehr vorübergehend die Anlage und hinterließen schwere Schäden.

1929/30 kam die Burg wieder in den Besitz der Stadt Erfurt, und bald wurde mit der Sicherung der Anlage für eine touristische Nutzung begonnen. Die Burg beherbergt seit 1950 ein Burgmuseum und befindet sich seit 1998 im Besitz der Stiftung Thüringer Burgen und Schlösser. Die Anlage wird heute vielfältig kulturell genutzt. So finden im historischen Burghof vor malerischer Kulisse Märkte und Theaterveranstaltungen statt.

Das reizvolle Ambiente verdankt die Burg vor allem den gut erhaltenen Gebäuden aus den Ausbauphasen Mitte des 14. und des 17. Jahrhunderts. Das gesamte Areal mit seinen imposanten Türmen wie dem Torturm und dem Verliesturm zeugt von der großen Geschichte der Anlage. Im Burghof beeindrucken die Reste der ehemaligen Kernburg mit dem Küchenbau, dem Stumpf des spätromanischen Bergfrieds und der fünfgeschossigen Kemenate.

Die kriegerische Vergangenheit der Kapellendorfer Wasserburg ist heute nur noch in den Ausstellungen präsent. Ansonsten herrscht rundum pure Idylle. Die Handelswege, zu deren Schutz einst die Wasserburg errichtet und befestigt wurde, verlaufen längst mehrere Kilometer entfernt als Autobahnen, Bundesstraßen oder Bahnstrecken. Hier in der Senke zwischen Weimar und Jena finden die Besucher vor allem eines: Ruhe in einem geschichtsträchtigen Ensemble.

Im **Burghof** finden sich Reste der ehemaligen Kernburg

Adresse
Am Burgplatz 1
99510 Kapellendorf
036425 – 22485
www.kapellendorf-wasserburg.de

Schloss Belvedere, Weimar

Die prachtvolle Schlossanlage Belvedere gilt manchen als das Sanssouci Weimars. Die barocke Schönheit, die heute die Besucher begeistert, entspringt allerdings einer geradezu grotesken Prasserei eines Weimarer Regenten. Ernst August I. war Herzog von Sachsen-Weimar und später auch von Sachsen-Eisenach. Er liebte das ausschweifende Leben, die Frauen und die Jagd – lauter kostspielige Neigungen.

20 Anfahrt
Bhf. Weimar, dann Bus 1
Per Auto: A 4, Ausfahrt
Weimar

Ernst August I. sparte nicht – auch nicht bei seinen Schlössern: Er ließ sage und schreibe zwanzig Lust- und Jagdschlösser erbauen oder ausbauen. Belvedere gilt heute als das schönste von ihnen. Denn für die Anlage im Süden Weimars gibt es ein in jeder Hinsicht großes Vorbild: das imposante gleichnamige Schloss in Wien, das gerade fertig geworden war, als 1724 in Weimar die Bauarbeiten begannen.

Nach den Plänen der Barockarchitekten Johann Adolph Richter und Gottfried Heinrich Krohne entstanden Schloss und Anlage. Bereits nach zwei Jahren waren die ersten Bauten errichtet. Das Hauptgebäude war 1730 bezugsfertig. Die gesamten

Bauarbeiten zogen sich allerdings über einen Zeitraum von zwanzig Jahren hin. Wie damals üblich wurde der Lustgarten mit Kaskaden und Fontänen ausgestattet, wofür eigens eine Quelle im nahe gelegenen Vollersroda angezapft und das Wasser zum Areal geleitet wurde.

Im Laufe der Jahre wuchs das Schloss zu einer kleinen Siedlung heran: Rund um das Hauptgebäude entstanden Kavaliers- und Uhrenhäuser, eine Kirche, eine Orangerie, eine Gärtnerei, eine Hauptwache, ein Pagenhaus, Wirtschaftsgebäude, ein Reit- und ein Ballhaus, ein Gasthof, Ställe für Pferde, Kälber und Hunde, ein Jägerhaus, eine ganze Reihe von Vogelhäusern und anderen Tierherbergen inklusive einer vollständigen Menagerie mit Zwinger. Auch der Name für das Schloss wandelte sich. Zunächst hieß es nach dem Hügel, auf dem es erbaut worden war, Eichenleite. Später benannte der Herzog es wegen der schönen Aussicht in Bellevue um, bevor er ihm letztlich den klangvollen italienischen Namen Belvedere gab.

Das Schloss galt als besonders exklusive Residenz des Herzogs. Aus den Memoiren des Freiherrn von Pöllnitz ist der Satz überliefert: „Kein Mensch darf nach Bellevüe gehen, ohne dorthin gerufen zu sein." Nach dem frühen Tod seiner Gattin Eleonore Wilhelmine verbrachte Ernst August I. seine Tage mit zwei sogenannten Ehrenfräulein und drei weiteren bürgerlichen Kammerfrauen. Laut den Memoiren des Freiherrn pflegte der Herzog spät aufzustehen und seine Zeit mit dem Spielen der Violine oder dem Beobachten seiner Soldaten beim Exerzieren zu verbringen. Auch die Amtsgeschäfte führte der Regent zum Teil von hier aus. Da der Herzog in der Tradition des Absolutismus zu regieren versuchte und wichtige Entscheidungen nach der Anhörung von leitenden Beamten in seinen Privatgemächern traf, ließ er etwa Minister im Schloss antreten.

Natürlich wurde auf dem als Lustschloss errichteten Belvedere auch ausgiebig gefeiert. Nach von Pöllnitz' Erinnerungen „vergeht keine Woche, wo der Herzog nicht ein- oder zweimal alle Standespersonen und alle Offiziere seiner Truppen einladen lässt". Zu

Der **Festsaal** von Schloss Belvedere strahlt barocke Pracht aus

Öffnungszeiten
Di–So 11–17 Uhr

Für **Maria Pawlowna**, Großherzogin von Sachsen-Weimar-Eisenach (1786–1859), wurde der Russische Garten angelegt

Die mehrmals erweiterte **Orangerie** beherbergt noch immer exotische Pflanzen

diesen Gelegenheiten speiste man ausgiebig an zwei Tafeln und spielte und tanzte „hernach bis in den lichten Tag".

Der üppige Lebenswandel und die für das Herzogtum überdimensionierten Truppen verschlangen enorme Geldmengen. Seine Soldaten vermietete der Herzog daher an Kursachsen oder den Kaiser. Darüber hinaus versuchte Ernst August I. seine Eskapaden zu finanzieren, indem er immer wieder ehemalige Vertraute des Hofes inhaftieren und erst gegen Vermögensüberschreibung oder Lösegeld frei ließ. Dies führte zu kostspieligen Gerichtsprozessen, von denen der Herzog mehrere verlor. Auch das ausgeprägte Interesse des Herzogs an der Alchemie verschaffte ihm naturgemäß nicht die erhofften Goldquellen. Als der Herzog 1748 starb, hinterließ er ein ruiniertes Land und einen minderjährigen Thronfolger.

Dennoch wurde an Belvedere auch nach dem Tod von Ernst August I. weitergebaut. So wurde die Orangerie 1760 um das Lange Haus und 1808 um das Neue Haus erweitert. Ab 1811 ließ Großherzog Carl Friedrich den Garten im Stil eines englischen Land-

			Das Schloss wird Besitz der Staatlichen Kunstsammlungen zu Weimar		
	Beginn des Umbaus des Gartens zum englischen Landschaftspark		Kommandantur der Roten Armee		
				Beginn der Wiederherstellung des Parks	
1800	**1811**	1900	**1923**	**1945**	**1974**	2000

schaftsparks umbauen sowie für seine Ehefrau, die Zarentochter Maria Pawlowna, den Russischen Garten anlegen. Der berühmte Gartenkünstler Hermann Fürst von Pückler-Muskau lobte die Gestaltung der Anlage nach den Umbauarbeiten als „vortrefflich gelungen". Schon früh wurde das Schloss auch als Bildungsstätte genutzt: Eine Akademie zur Ausbildung künftiger Staatsmänner und die Großherzogliche Kunstschule fanden hier Platz. Berühmtheit erlangte vor allem das bis heute bestehende Musikgymnasium, das inzwischen über einen Neubau in unmittelbarer Nachbarschaft verfügt.

Nach dem Ersten Weltkrieg fiel das Schloss an den thüringischen Staat, und seit 1923 hatten die Staatlichen Kunstsammlungen zu Weimar das Hausrecht in Belvedere.

1937/38 legten die Nationalsozialisten einen Ehrenfriedhof in Sichtweite des Schlossgebäudes an. Nach dem Zweiten Weltkrieg, den die Anlage weitgehend unbeschadet überstand, richtete die Rote Armee im Schloss ihre Kommandantur ein. Die Sowjets ließen die wenigen auf der nahe gelegenen Anlage Bestatteten auf den Weimarer Hauptfriedhof umbetten und den heutigen Sowjetischen Friedhof anlegen. Zwischen 1946 bis 1975 wurden hier etwa zweitausend Verstorbene beigesetzt.

Von 1974 bis 1982 erfolgte zuerst die Wiederherstellung des Parks und danach des Russischen Gartens. Heute ziehen der 43 Hektar große Schlosspark und die prachtvollen Gebäude zahllose Besucher an. Die barocke Anlage gehört mittlerweile zum UNESCO-Weltkulturerbe und ist eines der wichtigsten touristischen Ziele in der an Sehenswürdigkeiten beileibe nicht armen Klassikstadt Weimar.

Der **Schlossgarten** erhielt Mitte des 19. Jahrhunderts die Form eines romantischen Landschaftsparks

Adresse
Weimar-Belvedere
99425 Weimar
www.klassik-stiftung.de/
schloss-und-park-belvedere

Oberschloss Kranichfeld

Der beschauliche Ort Kranichfeld liegt im idyllischen Ilmtal. Rund um die kleine Stadt erstrecken sich Wälder, nur ein paar Kilometer entfernt liegt der Stausee Hohenfelden, der zur Wochenenderholung einlädt. Im Kranichfelder Oberschloss gibt es Sagenhaftes zu bestaunen – zum Beispiel eine kleine Figur, die einiges über den mitunter derben Humor der Thüringer aussagt.

21 **Anfahrt**
Bhf. Kranichfelde, dann Bus 237, 10 Min. Fußweg
Per Auto: B 87, Ausfahrt Kranichfeld

Der in Stein gehauene Mann prangt an einem Erker des Kranichfelder Oberschlosses. Er streckt dem Besucher seinen Hintern entgegen und verrenkt sich, um sich im Intimbereich zu lecken. Um die Figur herum stehen die Worte „Leck mich im Mars". Bei diesem sogenannten Leckarsch handelt es sich um eine Drolerie – der aus dem Französischen entlehnte Begriff bezeichnet eine drollige, oft drastische Darstellung von Menschen, Tieren oder Fabelwesen in der mittelalterlichen Kunst.

Zu der Figur ist eine Sage überliefert. Ihr zufolge wohnten einst die Brüder Wolfer und Lutger auf dem Oberschloss. Sie gerieten in Streit und teilten ihren Besitz auf. Wolfer, der Ältere, behielt das Oberschloss,

während Lutger in die Ferne zog. Der jüngere Bruder provozierte vor Reiseantritt allerdings seinen Bruder, indem er ankündigte, eines Tages zurückzukehren und eine zweite Burg zu bauen. Wolfer entgegnete darauf höhnisch: „Wenn dir das gelingt, werde ich mich am Arsch lecken!" Tatsächlich aber kehrte Lutger Jahre später zurück und baute eine zweite Burg in Kranichfeld. Wolfer versuchte, sein gegebenes Ritterwort zu erfüllen und das Unmögliche zu tun. Die dafür nötige Verrenkung kostete ihn allerdings das Leben. Danach hat Lutger der Legende nach zum Andenken an diese Begebenheit seinen Bruder in der obszönen Stellung in Stein gehauen.

So weit die Sage. In Wirklichkeit wurde das Oberschloss hoch oben auf dem Kalksteinfelsen im 12. Jahrhundert als Burganlage der Herren von Kranichfeld errichtet, ihr Wappen ist noch immer am Südwesterker zu sehen. Die Burg diente dem Schutz der Ortschaft sowie der durch den engen Talkessel der Ilm führenden Verkehrs- und Handelsstraßen.

Im 16. Jahrhundert übernahmen die Vögte Reuß von Plauen die Burg und ließen sie nach 1530 zum Renaissanceschloss ausbauen. Dabei bezogen sie Elemente der Vorgänger-Kernburg mit ein. Im 17. Jahrhundert nutzte das Haus Schwarzburg-Rudolstadt das Oberschloss, bevor es infolge von Erbverträgen 1615 an die Herzöge von Sachsen-Weimar und 1663 schließlich an das Herzogtum Sachsen-Gotha fiel. Ab 1898 befand sich das Schloss im Besitz häufig wechselnder Privateigentümer.

Aus dem frühen 20. Jahrhundert stammt auch der Torbau, der nach den Plänen des Architekten Bodo Ebhardt errichtet wurde und bis heute in den Schlosshof führt. Die ältesten Gebäudeeinheiten finden sich allerdings im ehemaligen Wohnbau im vorderen Schlossbereich. Hier gibt es Bauten wie etwa den Palas, die noch aus dem 12. Jahrhundert datieren. Aus dieser Zeit stammen auch die Reste der romanischen Kapelle und der massive Dicke Turm, der Wehr- und Wohnturm zugleich war und mit 27 Meter Höhe und einem Durchmesser von 13,55 Meter beeindruckt.

Um den steinernen **Leckarsch** am Kranichfelder Oberschloss rankt sich eine alte Sage

Öffnungszeiten
Mai–Okt.
Di–Fr 10–17 Uhr,
Sa, So 10–18 Uhr
März–Apr., Nov.
Di–So 10–16 Uhr

Das **Oberschloss Kranichfeld** im Jahr 1836 (Eduard Sommer)

Von einem Teil der Anlage stehen heute allerdings nur noch Ruinen. Das liegt an einem verheerenden Brand, der 1934 ausbrach. Das Schloss war zu dem Zeitpunkt im Besitz eines Industriellen. Obwohl die Feuerwehr in Windeseile anrückte und mit den Löscharbeiten begann, wüteten die Flammen durch die Anlage.

Denn was für die Burg ein strategischer Vorteil war, wurde für das Schloss nun zum Verhängnis: Durch die hohen Mauern blieb es für die Feuerwehr nahezu unzugänglich. Hinzu kam, dass Kranichfeld zwar seit 1927 ein neues Wassernetz mit Hochbehälter besaß, der Druck aber nicht ausreichte, um genügend Löschwasser zu der hoch oben am Hang gelegenen Brandstätte zu befördern. Die hölzerne Innenkonstruktion, die Holzfußböden und das Dachgebälk taten das Ihrige. So brannten Teile der Anlage bis auf die Grundmauern nieder.

Die Ursache für das Feuer wurde nie eindeutig ermittelt. Im Schloss informiert heute eine Schautafel über den Brand und die Gerüchte, der damalige Besitzer habe das Schloss aus Geldnöten selbst

Zu den ältesten erhaltenen Teilen gehört der **Palas**

angezündet, um die Versicherungssumme zu vereinnahmen.

Wenig später verschenkte der Eigentümer die Ruine an die SS. Die von Heinrich Himmler gegründete „Gesellschaft zur Förderung und Pflege deutscher

Seit dem Brand von 1934 sind Teile des Schlosses eine **Ruine**

Der **Dicke Turm** diente früher auch als Verlies

Das **Oberschloss Kranichfeld** thront idyllisch über dem Ilmtal

Kulturdenkmale e.V." wollte daraus eine Kultstätte und SS-Führerschule machen. Häftlinge des Konzentrationslagers Buchenwald wurden als Zwangsarbeiter für den Wiederaufbau eingesetzt, der allerdings nicht vollendet wurde.

In den 1980er-Jahren begannen Kranichfelder Bürger damit, das Schloss zu sichern, später wurden auch Sanierungsarbeiten durchgeführt. 1994 kam das Schloss in die Hand der Stiftung Thüringer Schlösser und Gärten. Inzwischen ist die Burg für Besucher zugänglich und beherbergt unter anderem eine Ausstellung zu den Konservierungs- und Restaurierungsmaßnahmen, zum Burggebäude und zur Geschichte der Herren des Kranichfelder Oberschlosses. Auch der Dicke Turm kann wieder bestiegen werden, und 2011 wurde eine begehbare Aussichtsplattform eingeweiht.

Vom Turm hat man nicht nur einen weiten Blick über das idyllische Ilmtal, sondern sieht auch die zweite Kranichfelder Burg. Die Niederburg stammt aus dem 12. Jahrhundert und diente als Sitz einer Seitenlinie der Grafen von Käfernburg-Schwarzburg, bevor sie des Öfteren ihren Besitzer wechselte. Ihr heutiges Erscheinungsbild erhielt sie bei Umbauten im frühen 20. Jahrhundert. In den 1970er-Jahren wurde sie ein beliebtes Ferienobjekt des Freien Deut-

Blick vom Dicken Turm
auf die **Niederburg**

schen Gewerkschaftsbundes der DDR. Heute befindet sich die Burg im Besitz der Stadt Kranichfeld, gilt als interessantes und beliebtes Ausflugsziel und wird für Veranstaltungen genutzt.

Der Sage nach war es Wolfers jüngerer Bruder Lutger, der die Niederburg errichten ließ. Fakt ist zumindest, dass das Vorhandensein zweier Burgen in dieser kleinen Stadt als ein Symbol für die Kleinstaaterei in Thüringen zu sehen ist: Kranichfeld war jahrhundertelang von zwei Adelssitzen beherrscht. Heute ist die Stadt stolz auf beide Anlagen und nennt sich „Zwei-Burgen-Stadt".

Adresse
Am Oberschloss 1a
99448 Kranichfeld
036450 – 39699
www.thueringerschloesser.de
www.oberschloss-
kranichfeld.de

Schloss Kochberg, Großkochberg

Rund dreißig Kilometer sind es von Weimar bis zum Schloss Kochberg. Im ausgehenden 18. Jahrhundert war das buchstäblich ein ganz schöner Ritt: Etwa zwei Stunden zu Pferde brauchte man für die Strecke. Doch der Dichter Johann Wolfgang Goethe nahm diesen Weg oft auf sich – und das hatte einen guten Grund.

22 **Anfahrt**
Bhf. Rudolstadt, dann
Bus 121
Per Auto: B 85, dann
L 2391

1775 folgte Johann Wolfgang Goethe dem Ruf des jungen Herzogs Carl August von Sachsen-Weimar-Eisenach nach Weimar. Der Dichter sah sich seinerzeit auf einer Erfolgswelle. Sein Briefroman über „Die Leiden des jungen Werthers" war gerade zu einem wahren Bestseller geworden und hatte ihm überschwängliches Lob seitens der Literaturwelt eingebracht. In Weimar machte der erst 18-jährige Herzog den Künstler zu seinem Vertrauten und wollte ihn augenscheinlich unbedingt halten – er schenkte Goethe beispielsweise das Gartenhaus im Ilmpark und führte ihn ins Hofleben ein.

So traf der 26-jährige Goethe schon in den ersten seiner vielen Weimarer Tage die Freifrau Charlotte

von Stein. Sie war sieben Jahre älter als er und hatte mit ihrem Ehemann Josias Freiherr von Stein zahlreiche Kinder. Dennoch verfiel Goethe ihr sofort. Nur einen Monat nach seiner Ankunft in Weimar machte sich Goethe erstmals auf den Weg zum Landsitz der Familie von Stein auf Schloss Kochberg.

Obwohl Goethe, der bis zu seinem Lebensende in Weimar blieb, später in der ganzen Region für seine amourösen Abenteuer berüchtigt war – ein Bonmot besagt, das geistige Leben in Thüringen sei so reich, weil viele Bewohner heimliche Nachkommen Goethes seien –, gilt Charlotte von Stein gemeinhin als die wichtigste Frau in seinem Leben. Gemeinsam lasen sie Shakespeare, Herder und Spinoza und übten das Zeichnen. Mehr als 1700 Briefe schrieb der Dichter an die Verehrte, und auch in Gedichten verewigte er sein Begehren.

Dabei beschreiben die Chronisten die Beziehung der beiden als diffizil. Dass die Freifrau verheiratet war, war wohl das kleinere Problem. Da Ehen seinerzeit häufig aus wirtschaftlichen Gründen geschlossen wurden, sahen die Angetrauten nicht selten über heimliche Liebschaften der Partner hinweg. Wesentlicher war wohl Charlotte von Steins Charakter: Sie galt als liebenswert und kühl zugleich. Möglicherweise sah sie in der Verbindung etwas anderes, als Goethe sich erhoffte. Der dichtete:

Warum gabst du uns die tiefen Blicke,
Unsre Zukunft ahndungsvoll zu schaun,
Unsrer Liebe, unserm Erdenglücke
Wähnend selig nimmer hinzutraun?
Warum gabst uns, Schicksal, die Gefühle
Uns einander in das Herz zu sehen,
Und durch all die seltenen Gewühle
Unser wahr Verhältnis auszuspähn?

Goethe kam in seinen frühen Weimar-Jahren häufig nach Kochberg. Hier fand er nicht nur die Angebetete auf ihrem Landsitz, sondern auch Zeit zum Schreiben. Denn in Weimar bekam er bald allerlei Aufgaben übertragen, etwa die Leitung des Hoftheaters. Als er die schöne Schauspielerin Corona Schröter aus

Freifrau **Charlotte von Stein** (1742–1827) im Gespräch mit Goethe (Ende des 18. Jahrhunderts)

Goethes Frauenbildnis zeigt vermutlich die Angebetete (um 1777)

Öffnungszeiten
Apr.–Okt.
Mi–Mo 10–18 Uhr

Leipzig verpflichtete und von ihr schwärmte, nahm Charlotte ihm das durchaus übel. Dennoch ist bis heute unklar, ob die Beziehung zwischen Goethe und der Freifrau nicht zumindest zeitweilig amouröse Züge trug. Als sicher gilt jedoch, dass sich das Verhältnis der beiden seit Goethes Aufenthalt in Italien, wohin er 1786 unangekündigt aufbrach, abkühlte. Sie forderte gar die an den Dichter geschriebenen Briefe zurück und vernichtete sie. Dafür dichtete sie:

> Ihr Gedanken, fliehet mich,
> Wie mein Freund von mir entwich!
> Erinnert mich der Stunden
> Mit ihm liebevoll verschwunden.
> O, wie bin ich nun allein!
> Ewig werd ich einsam sein.

Nach der Rückkehr aus Italien bandelte Goethe mit der bürgerlichen Christiane Vulpius an. Auch wenn er später wieder häufiger Kontakt mit Charlotte von Stein hatte, wurde das Verhältnis zu ihr nicht mehr so innig wie zuvor.

Das Schloss Kochberg übernahm 1793, noch zu Charlotte von Steins Lebzeiten, deren ältester Sohn Carl. Er besaß nun ein geschichtsträchtiges Gebäude. Denn bereits 1274 waren die Herren von Kochberg als Vasallen der Grafen von Orlamünde genannt worden. Zu dieser Zeit existierte bereits ein rechteckiges Gebäude von der ungefähren Größe des heutigen Hofs. 1380 wurde die Anlage als „Purgstall zu Kochperg" und 1455 als „Freier Wasserhof" erwähnt. Die Besitzer wechselten häufig, bis 1733 die Freiherren von Stein die Anlage übernahmen und zahlreiche Umbauarbeiten durchführen ließen. Seine wech-

Übernahme der Anlage durch die Freiherren von Stein						Einrichtung der Goethe-Gedenkstätte		
	Goethe kommt nach Weimar und besucht erstmals Charlotte von Stein auf dem Schloss						Neueröffnung des Schlosses und des Liebhabertheaters nach Restauration	
		Umbau des Gartenhauses zum Liebhabertheater						
1700	1733	1775	um 1800		1900	1949	1975	2000

In dem um 1800 errichteten **Liebhabertheater** finden heute wieder Konzerte und Theateraufführungen statt

selvolle Baugeschichte ist dem Schloss noch heute anzusehen: Die Anlage basiert auf gotischen Fundamenten und weist eine Reihe von Renaissance- und Barockelementen auf.

Carl von Stein machte das Areal zu einem Ort der Kultur. Um 1800 ließ er das Gartenhaus zum Liebhabertheater umbauen. Der Park wurde in seinem Auftrag zu einem sechs Hektar großen Landschaftspark umgestaltet. Bis 1938 lebte der letzte Nachkomme Charlotte von Steins, Felix von Stein, auf dem alten Landsitz. Zu Goethes zweihundertstem Geburtstag wurde 1949 im Schloss eine Gedenkstätte eingerichtet, doch das Geld für eine Sanierung des Schlosses fehlte. Erst 1968, nach dem Auszug des dort mittlerweile ansässigen Kinder- und Jugendferienlagers, begann die Restauration.

1975 wurde das Schloss samt dem Liebhabertheater neu eröffnet. Heute erinnert ein Museum mit originalen Möbeln und Kunstgegenständen an Goethes Besuche. Per Audioguide kann sich der Besucher von Charlotte von Stein und ihrem Sohn Carl durch die Ausstellung führen lassen.

Adresse
Im Schlosshof 3
07407 Großkochberg
03643 – 545400
www.klassik-stiftung.de/
schloss-und-park-kochberg

An der Saale

Dornburger Schlösser

Hoch oben über dem Saaletal und nur ein paar Kilometer von der Wissenschaftsstadt Jena entfernt thronen gleich drei monumentale Bauten auf einem Kalksteinfelsen. Die Dornburger Schlösser stammen aus unterschiedlichen Epochen und bieten den Besuchern eine traumhafte Zeitreise durch das alte Thüringen. Die Schönheit dieses Fleckens Erde diente häufig als Inspiration, unter anderem dem Klassiker Johann Wolfgang von Goethe.

23 Anfahrt
Bhf. Dornburg/Saale,
dann 20 Min. Fußweg
Per Auto: A 9, Ausfahrt
Eisenberg oder A 4,
Ausfahrt Göschwitz, dann
B 88 Richtung Dornburg/
Saale

Auch wenn heute viele Besucher auf den Spuren Goethes zu den Dornburger Schlössern kommen, reicht die Geschichte der Bebauung des Felsens viel weiter als in die Zeit der Weimarer Klassik zurück. Bereits im 12. Jahrhundert schützte eine mittelalterliche Burganlage an strategisch günstiger Stelle die Gegend. Von hier oben kann man weit hinein ins Tal blicken. Der heutige Besucher sieht etwa die Autos auf der Bundesstraße B 88 oder die Regionalbahnen auf ihrer Trasse. Teile der alten Burganlagen sind auf der Höhe noch zu erkennen. Das liegt daran, dass, als hier Anfang des 16. Jahrhunderts das neue Schloss erbaut wurde, wichtige Elemente der alten Burg ein-

Die **Dornbürger Schlösser** auf einem Kupferstich aus dem 17. Jahrhundert (Wilhelm Richter)

bezogen wurden. Namentlich den mittelalterlichen Turm und die Kemenate fügte Baumeister Nikolaus Gromann in das Schloss ein, das er auf dem Felsen errichtete.

Um 1600 entstanden Fenstergewände und Turmhaube neu. Zu jener Zeit diente das später als Altes Schloss (Abb. S. 140) bezeichnete Bauwerk als Witwensitz für Anna Maria, Gemahlin des bis 1602 in Torgau und Weimar regierenden Herzogs Friedrich Wilhelm I. von Sachsen-Weimar. Als 1717 ein verheerender Brand Dornburg heimsuchte und auch das Amtshaus vernichtete, wurde die Amtsbehörde in das Schloss verlegt, auch eine Baumwollspinnerei zog in den nördlichen Flügel ein. Doch diente das Alte Schloss bis zur Fertigstellung des benachbarten Rokokoschlosses auch wiederholt als fürstliche Wohnung. Im 20. Jahrhundert schließlich fungierte es als Schule, Altenheim und Institut, heute wird es als Tagungszentrum der Jenaer Universität genutzt.

Nur wenige Meter entfernt findet sich ein prächtiges Kleinod historischer Baukunst. Dieses in der Mitte des Dornburger Ensembles gelegene Rokokoschloss ließ der prunksüchtige Herzog Ernst August I. von Sachsen-Weimar um 1740 als Lustschloss erbauen. Da der Herzog es nur gelegentlich nutzen wollte, ließ er hier ein vergleichsweise kleines Bauwerk errichten – auf Kanzleien, Archive, Amtsstuben und Audienzimmer wie bei einer Residenz wurde verzichtet. Der Saal bot freilich einen angemessenen Raum für offizielle Anlässe wie Empfänge oder Festlichkeiten. Ursprünglich sollte das heute noch zu bewun-

Öffnungszeiten
Apr.–Okt.
Do–Di, Feiertage
10–17 Uhr,
Dornburger Schlossgärten:
Ganzjährig ab 9 Uhr bis
Sonnenuntergang

1100	1200	1500	1600	1700	**1717**

Bau einer mittelalterlichen
Burganlage

Brand in Dornburg

Altes Schloss und
Renaissanceschloss
werden erbaut

**Das kleine Rokokoschloss
diente Ernst August I. als
Lustschloss**

dernde Hauptgebäude Teil einer größeren Anlage
werden. Doch andere Bauten wurden nicht mehr
errichtet oder aber später wieder abgetragen. Denn
kaum war der Bau vollendet, fiel 1741 das Fürsten-

**Der Herzog ließ sein
Refugium mit einem
repräsentativen Schloss-
saal versehen**

		Eröffnung der Goethe-Gedenkstätte		
Bau des Rokokoschlosses				
		Goethe wohnt mehrere Wochen im Renaissanceschloss		
Erwerb und Umbau des Renaissanceschlosses				
1740	1800 1824 1828	1900 1928	2000	

tum Eisenach an die Linie von Ernst August I., und dessen Interesse verlagerte sich auf die neuen Gebiete. Dornburg soll er nie wieder betreten haben. Bis heute ist neben dem Schloss selbst und dem Marstall auch das sogenannte Fünfeck erhalten. Dieses bildet die Krone einer fingierten Befestigungsanlage und bietet einen herrlichen Blick über das Tal.

Südlichstes Element des Ensembles schließlich ist das Renaissanceschloss, das besonders wegen eines Bewohners zu einigem Ruhm gekommen ist. Nachdem Johann Wolfgang von Goethe schon zuvor mehrfach nachweislich auf den Dornburger Höhen geweilt hatte, zog er im Jahr 1828 für mehrere Wochen auf dieses Schloss. Unmittelbar zuvor war sein Förderer und Freund, der Großherzog Carl August, verstorben. Carl August hatte im Jahr 1824 das alte

Das südlichste der Dornburger Schlösser ist das Renaissanceschloss

Rittergut mit einem Herrenhaus aus dem 16. Jahrhundert gekauft, es zu einem Teil seiner Dornburger Sommerresidenz gemacht und vor allem im Innern erheblich umbauen lassen. Bei der Gelegenheit entstanden auch die Gemächer, in denen sich Goethe vorübergehend niederließ.

Ursprünglich wollte der Dichter wohl nur ein paar Tage bleiben. Allerdings befiel ihn nach dem Tod des befreundeten Großherzogs, wie er mitteilen ließ, ein „sehr leidender Gemütszustand". So suchte er fast zehn Wochen Ruhe auf der Höhe über dem Saale-

Das Renaissanceschloss birgt seit 1922 eine Goethe-Gedenkstätte

tal. In Dornburg befasste sich der Dichter und Universalgelehrte mit allerlei naturwissenschaftlichen Studien. Er schrieb botanische Aufsätze, untersuchte Gesteine und Minerale und beschäftigte sich mit Meteorologie. Aber auch die Geschichte Roms und Thüringens stand auf Goethes Lektüreplan. Daneben verfasste der Dichter zahlreiche Tagebucheinträge und Briefe – von großer literarischer Bedeutung sind seine Dornburger Gedichte.

Versorgt wurde Goethe während seines Aufenthalts vom jungen Hofgärtner Karl August Sckell und dessen Frau. Sckell fasste seine Erlebnisse mit dem Dichterfürsten später im Buch „Goethe in Dornburg: Gesehenes, Gehörtes und Erlebtes" zusammen. So weiß man, dass der Dichter, ganz Feinschmecker, „Boten auf die umliegenden Dörfer nach Geflügel, Fischen und Aalen, nach Tautenburg an den Leibjäger Ciliax nach Wildpret" schicken ließ und Frau Sckell anschließend die Speisen bereitete. Allerdings hatte Goethe dabei wohl mehr seine Gäste als sein eigenes Wohlergehen im Blick, wie eine Bemerkung Sckells zeigt: „Eines Tages sagte er mir: Wenn zu Mittag kein Besuch komme, seien so vielerlei Gerichte überflüssig. Während seines gesamten Aufenthalts in Dornburg hat es sich indessen, die beiden ersten Tage ausgenommen, nur einmal getroffen, dass er allein speiste."

Sckell war indes nicht allein für das Wohl des Dichters in Dornburg zuständig, er hatte vom Großherzog den Auftrag erhalten, die drei Dornburger Schlösser, die sich nach dem Erwerb des Renaissanceschlosses in einer Hand befanden, mit einer Gartenanlage zu verbinden. Auf dem Gelände des früheren Ritterguts legte Sckell einen kleinen Landschaftspark an und verband diesen mit Terrassenwegen. Die dortigen Gärten rund um das Rokokoschloss verschönerte er mit Blumenbeeten und Laubengängen. Große Teile der Gärten sind heute noch in dieser Form zu sehen. Einige Bereiche sind allerdings in den 1960er-Jahren mit Rückgriff auf barocke Formen umgestaltet worden.

Teile des Ensembles werden schon lange museal genutzt. Das Rokokoschloss können Besucher seit 1900 bewundern, 1928 öffnete die Goethe-Gedenkstätte im Renaissanceschloss. Die herrlichen Gärten sind heute frei zugänglich und laden zu inspirierenden Spaziergängen auf den Pfaden der Geschichte Thüringens ein.

Dichterfürst **Johann Wolfgang von Goethe** (1749–1832) weilte für mehrere Wochen in dem Schloss (Karl Stieler, 1828)

Adresse
Max-Krehan-Straße 2
07774 Dornburg-Camburg
036427 – 215130
www.dornburg-schloesser.de

Leuchtenburg, Seitenroda

Dank ihrer Lage auf dem kahlen Bergkegel bietet die Leuchtenburg einen weiten Blick über das Saaletal – ein perfekter Standort für eine Festung. Umgekehrt ist auch die Burg, die ihren Namen ihrem lichten, unbewaldeten Standort verdankt, von weither zu sehen. Wer das knapp zwanzig Kilometer die Saale flussabwärts gelegene Jena auf der Autobahn passiert, sieht die mittelalterliche Feste auf dem Berg thronen. Sie wirkt so majestätisch, dass sie auch als „Königin des Saaletals" bezeichnet wird.

24 **Anfahrt**
Bhf. Kahla, dann Bus 419,
10 Min. Fußweg
Per Auto: A 4, dann B 88
Richtung Rothenstein ∕
Oelknitz

Die Herren von Lobdeburg begründeten die Besiedlung des Bergs hoch über dem Saaletal und sorgten auch für die erste urkundliche Erwähnung: 1221 wird die Leuchtenburg in einem Schriftstück als eine Stammburg der Herren von Lobdeburg-Leuchtenburg bezeichnet.

1333 begann eine bewegte Zeit für die Feste. Zunächst gelangte sie in die Hände der Grafen von Schwarzburg. Doch schon bald wurde sie an den Erfurter Patrizier Heinrich von dem Paradies verpfändet, bevor sie schließlich von dem Wettinerfürsten Friedrich der Streitbare eingenommen wurde. Der

Markgraf von Meißen und Landgraf von Thüringen machte sie zum wettinischen Verwaltungssitz „Amt Leuchtenburg".

Mitte des 15. Jahrhunderts geriet die Burg in die Wirren des Sächsischen Bruderkriegs. 1445 wurde Kursachsen zwischen den zerstrittenen Brüdern Kurfürst Friedrich II., genannt der Sanftmütige, und Herzog Wilhelm III., genannt der Tapfere, aufgeteilt. Während Friedrich II. den östlichen Teil bekam, sollte Wilhelm III. über den westlichen Teil des Landes mit der alten Landgrafschaft Thüringen und Gebieten des Osterlandes herrschen. Die Streitigkeiten konnten dennoch nicht beigelegt werden, sodass es in den nächsten Jahren zu schweren Fehden kam. Der Krieg verwüstete Teile Thüringens – vor allem das Gebiet von Weimar bis an die Saale war betroffen. Kurz vor Kriegsende, 1451, wurde auch die Leuchtenburg belagert.

Nur wenig später, 1460, wurde die Wehranlage mit vier Wehrtürmen gebaut, und in den Jahren 1552 bis 1563 befestigten die Wettiner die Burg erneut. Das sollte sich im Dreißigjährigen Krieg auszahlen. Die Burg wurde zwischen 1618 und 1648 als Zufluchtsort genutzt und widerstand 1640 einem Angriff kaiserlicher Truppen.

1705 wurde der Verwaltungssitz des Amtes Leuchtenburg ins Tal nach Kahla verlegt. Die Burg fand eine gänzlich andere Bestimmung: Ab 1724 wurde sie als Zucht-, Armen- und sogenanntes Irrenhaus genutzt. Nachdem 1871 die letzten armen Seelen verlegt worden waren, begann die touristische Erschließung der Anlage. Ab 1873 diente die Burg als Hotel und Gastwirtschaft. 1906 öffnete im Torhaus ein Museum, und 1921 wurde hier mit der Gründung der ersten Jugendherberge in Thüringen Geschichte geschrieben. Die Leuchtenburg wurde in den 1920er- und 1930er-Jahren ein wichtiges Zentrum der Jugendherbergsbewegung und zog bis zur Schließung der Herberge 1997 ganze Generationen von jungen Leuten an.

Keiner der Gäste ahnte damals, dass die Staatssicherheit der DDR vorsah, bei inneren Unruhen die Leuchtenburg zum Internierungslager zu machen.

Friedrich der Streitbare, Markgraf von Meißen und Landgraf von Thüringen (1370–1428), eroberte die Leuchtenburg und machte sie zum Verwaltungssitz der Wettiner

Öffnungszeiten
Apr.–Okt.
tgl. 9–19 Uhr
Nov.–März
tgl. 10–17 Uhr
(am 24.12. nur bis 14 Uhr)

Erste urkundliche Erwähnung
der Leuchtenburg

Bau der Wehranlage
mit vier Wehrtürmen

Belagerung der Burg
im Sächsischen
Bruderkrieg

1200 **1221** 1300   1400 **1451 1460** 1500   1600

Türme wie der **Kleider-
turm** sind in die Burg-
mauer integriert

Die **Leuchtenburg** als
Verwahranstalt für Häft-
linge, Arme und „Irre"
(1842)

Im Kriegsfall sollten auch „feindliche Ausländer" auf
der Burg festgesetzt werden. Nach der friedlichen
Revolution wurde bekannt, dass im Haupthaus eine
konspirative Wohnung und im Dachgeschoss eine
geheime Funkstation existierten.

Bei einem Rundgang gewinnt man Eindrücke vom historischen **Burgleben**

Da die DDR bekanntlich unterging, war der Burg eine gedeihlichere Zukunft beschieden. 2007 wurde die Anlage einer gemeinnützigen Stiftung übertragen, die umfangreiche Sanierungsarbeiten initiierte. Im Zusammenhang mit der Konzipierung der Dauerausstellung „Porzellanwelten Leuchtenburg" entstanden ab 2010 unter anderem ein modernes Besucherzentrum und eine Technikzentrale, das Tor- und das Logierhaus wurden ausgebaut.

Nun hat einen modernen und besucherfreundlichen Rahmen erhalten, was die Leuchtenburg an Historischem zu bieten hat: eine mittelalterliche Feste mit Türmen und Verliesen. Die Burgschänke verspricht Speis und Trank im rustikalen Ambiente und bietet unter anderem Ritteressen als Event. Die erfolgreiche Ausstellung „Porzellanwelten Leuchtenburg" behandelt die faszinierende Geschichte des „weißen Goldes". Der Besucher erfährt, wie Alchemisten im Auftrag von Königen und Fürsten fieberhaft versuchten, die Formel zur Herstellung des Porzellans zu finden. Ein nachgebautes Alchemielabor veranschaulicht, wie schwierig die Suche

Die **Leuchtenburg** wurde ab 2007 aufwendig saniert

nach den richtigen Materialien war, und an einem Brennofen kann man sich selbst davon überzeugen, wie viel technisches Geschick die Fertigung von Porzellan benötigt. Die Ausstellung zeigt Porzellankunst der Superlative. Mit acht Metern Höhe gilt die Arbeit des kaukasischen Künstlers Alim Pasht-Han als die größte Porzellanvase der Welt. Sie besteht aus 360 in Kobaltblau handbemalten und mit Gold verzierten Waben. Auch eine nur wenige Millimeter große, aber voll funktionsfähige Teekanne ist zu bewundern, deren wundervolle Details nur mit einer Lupe zu erkennen sind. Weitere Exponate führen die

Die Ausstellung **Porzellanwelten Leuchtenburg** wurde zum Besuchermagneten

Besucher in das ferne China, in die Welt der frühen Thüringer Manufakturen, zeigen historisches Thüringer Tischporzellan, Spielwaren aus dem 19. Jahrhundert und vieles mehr. Weltweit einzigartig ist die Porzellankirche der Leuchtenburg.

Besonders beliebt bei den Besuchern ist der „Steg der Wünsche". Mit einem speziellen Stift, der die Schrift bei Tageslicht verblassen lässt, können Gäste einen persönlichen Wunsch auf ein Stück Porzellan schreiben, um dieses dann am Ende des Stegs – schließlich bringen Scherben Glück – von der lichten Höhe in die Tiefe fallen zu lassen.

Adresse
Dorfstraße 100
07768 Seitenroda
036424 – 713300
www.leuchtenburg.de

Schloss Heidecksburg, Rudolstadt

Die Heidecksburg prägt schon von Weitem das Stadtbild von Rudolstadt. Mit dem 160 Meter breiten Südflügel und der 67 Meter breiten Westfront zählt es zu den größten und prächtigsten Barockschlössern in Thüringen. In seiner jetzigen Form wurde es im 18. Jahrhundert errichtet. Zu jener Zeit blickte die Anhöhe über der Rudolstädter Altstadt allerdings schon auf eine lange Geschichte der Bebauung zurück.

25 Anfahrt
Bhf. Rudolstadt, dann Bus 917 oder 15 Min. Fußweg
Per Auto: A 4, Ausfahrt Magdala, dann B 85 Richtung Rudolstadt oder A 9, Ausfahrt Triptis, dann B 281 Richtung Saalfeld

Forscher gehen davon aus, dass sich bereits 1264 zwei Burgen auf dem Bergsporn über dem Saaletal befunden haben. Sie waren von den Grafen von Orlamünde erbaut worden. 1334 übernahmen die Grafen von Schwarzburg die Burganlage, die jedoch 1345 zerstört wurde. In jener Zeit kämpften verschiedene Thüringer Adelshäuser im Thüringer Grafenkrieg gegen die Wettiner. Letztere behielten die Oberhand, auch wenn sie die Thüringer Adelshäuser wie die Schwarzburger nicht endgültig verdrängen konnten und diese weiterhin eine große Rolle spielten.

Nach dem Friedensschluss wurde die Burg wieder-

aufgebaut und um den heute in den Marstall integrierten Rundturm erweitert. Bis weit ins 16. Jahrhundert hinein blieb die Anlage in diesem Zustand. Doch als 1570 durch eine Landesteilung die Grafschaft Schwarzburg-Rudolstadt entstand, brauchten die Herrscher eine neue Residenz. 1571 machte Albrecht VII. von Schwarzburg Rudolstadt zu seinem ständigen Wohnsitz und ließ die alte Burg zu einem Residenzschloss nach den Idealen der Renaissance umbauen. Ein Brand im Jahr 1573 vernichtete Teile der Wohnflügel, woraufhin an deren Stelle die dreiflügelige Schlossanlage erbaut wurde.

1697 wollte Kaiser Leopold I. den Schwarzburg-Rudolstädter Grafen Albert Anton zum Reichsfürsten ernennen. Dieser nahm das Angebot jedoch nicht an. Einer der Gründe war vermutlich, dass der Graf nach dem Tod seiner Lieblingsschwester nach frommer Bescheidenheit im Sinne des seinerzeit aufkommenden Pietismus strebte. Zudem wollte er Konflikte mit den Ernestinern vermeiden, die eine Erhebung der Schwarzburger in den Reichsfürstenstand ablehnten.

1710 unternahm Kaiser Joseph I. mit einem Fürstenbrief einen erneuten Anlauf. Dieses Mal nahm Albert Anton an, hielt dies allerdings bis zu seinem Tod, der wenige Monate später eintrat, geheim. Erst sein Sohn und Nachfolger Ludwig Friedrich I. herrschte offen als Fürst von Schwarzburg-Rudolstadt. Das Schloss sollte nun eine dem neuen Stand angemessene repräsentative Gestalt erhalten. Der Fürst ließ dem stadtseitigen Zugang am Südflügel ein triumphbogenartiges Portal vorsetzen. Auch im Innern wurde gebaut, so entstand etwa eines der ersten Spiegelkabinette in der Region.

1735 brannten der West- und der Nordflügel bis zur ersten Etage nieder. Für den anschließenden Wiederaufbau beauftragte Friedrich Anton den Dresdner Oberlandbaumeister Johann Christoph Knöffel, Nachfolger des Zwinger-Erbauers Matthäus Daniel Pöppelmann, damit, eine prachtvolle Residenz zu errichten. Vor allem an der Fassade des Westflügels sind die Einflüsse des Dresdner Spätbarock zu sehen. Doch auch im Innern wurde das

Unter **Albrecht VII.**, Graf von Schwarzburg-Rudolstadt (1537–1605), wurde die Heidecksburg zum Renaissanceschloss umgebaut

Fürst **Ludwig Friedrich I.** von Schwarzburg-Rudolstadt (1667–1718) gab dem Schloss eine repräsentativere Gestalt

Öffnungszeiten
Apr.–Okt.
Di–So 10–18 Uhr
Nov.–März
Di–So 10–17 Uhr

Reich geschmückte Rokokoräume wie der **Grüne Saal** geben dem Schloss das Gepräge

Das Schloss beherbergt das **Thüringer Landesmuseum Heidecksburg** und das **Staatsarchiv Rudolstadt**

Schloss grundlegend umgestaltet: Die für höfische Zeremonien wichtigen Räume legte der Baumeister nach dem französischen Vorbild des „Appartement double" an, das heißt, sie sind so angeordnet, dass man sie erreichen kann, ohne andere Räume zu

	Erhebung des Hauses Schwarzburg-Rudolstadt in den Fürstenstand		Das Schloss wird Standort mehrerer Museen
	Zerstörung des West- und Nordflügels durch Feuer, anschließender Wiederaufbau		

| 1700 | 1710 | 1735 | 1800 | 1900 | 1950 | 2000 |

durchqueren – Raumgruppen traten an die Stelle der herkömmlichen Reihung von Räumen.

Knöffels ehrgeizige Pläne ließen sich nicht so schnell umsetzen, wie die Herrscher es wünschten, und verursachten erhebliche Kosten. Zu guter Letzt wurde Baumeister Knöffel wegen seiner vielen anderen Verpflichtungen von seinen Aufgaben entbunden. Ihm folgte als Fürstlicher Baudirektor der Weimarer Barockbaumeister Gottfried Heinrich Krohne. Auf ihn geht nicht zuletzt die spektakuläre Innenausstattung im Stil des Rokoko zurück. Der mit vielfarbigem Stuckmarmor und einem monumentalen, die Versammlung der olympischen Götter zeigenden Deckenfresko ausgestattete Festsaal zählt zu den schönsten Rokokosälen Deutschlands.

Die Fertigstellung des Festsaals 1750 fiel schon in die Regentschaft von Friedrich Antons Sohn Johann

Der **Festsaal**, einer der eindrucksvollsten Rokoko-säle Deutschlands, wird heute für kulturelle Veranstaltungen genutzt

Das **Bänderzimmer** gehört zu den Rokokoräumen, die sich um den Grünen Saal gruppieren

Friedrich. Dieser hatte an der Universität Straßburg Vorlesungen in Theologie sowie an der Universität Utrecht in Mathematik und Physik besucht und förderte als Regent die Wissenschaften, die Künste und insbesondere die Musik. Die beim Brand 1735 vernichtete Musikaliensammlung ließ er durch den Aufbau einer neuen Sammlung ersetzen. Darüber hinaus betrieb er eine öffentliche Bibliothek, die er um seine Privatbibliothek ergänzte.

Überhaupt pflegten die Fürsten in Rudolstadt die Kultur. Berühmte Forscher wie die Gebrüder Humboldt, Philosophen wie Arthur Schopenhauer oder Musiker und Komponisten wie Nicolò Paganini, Franz Liszt und Richard Wagner kamen in die Stadt an der

Nach dem Wiederaufbau im Stil des Barock war **Schloss Heidecksburg** eines der prachtvollsten Schlösser Thüringens (1841)

Die schmuckvollen Räume des Schlosses erinnern an die Zeit von Fürst **Johann Friedrich** von Schwarzburg-Rudolstadt (1721–1767; Johann Ernst Heinsius, um 1765)

Saale und brachten dem Rudolstädter Hof den Ruf eines „Klein-Weimar" ein.

Mit der Novemberrevolution 1918 endete das höfische Leben: Günther Viktor dankte als letzter regierender Fürst von Schwarzburg-Rudolstadt ab. In der Folge wurde das Schloss zum Standort mehrere Museen, die 1950 zum „Staatlichen Museum Heidecksburg" vereinigt wurden. Bis heute beherbergt das Schloss das „Thüringer Landesmuseum Heidecksburg" und das „Staatsarchiv Rudolstadt". Das Landesmuseum präsentiert neben den fürstlichen Repräsentations- und Wohnräumen auch die Porzellangalerie, das Naturhistorische Museum sowie die Gemäldegalerie mit bedeutenden Werken unter anderem von Caspar David Friedrich, Johann Alexander Thiele, Johann Christoph Morgenstern und Max Liebermann. Die Kultur ist bis heute wichtig für das Selbstverständnis der Stadt, die zum Beispiel jährlich zu einem der größten deutschen Weltmusik-Festivals einlädt.

Adresse
Schloßbezirk 1
07407 Rudolstadt
03672 – 429010
www.heidecksburg.de

Schloss Burgk

Es ist kein Wunder, dass Schloss Burgk seit Jahrzehnten immer wieder Filmemacher inspiriert. Hier auf dem Berg über der Saaleschleife und der Talsperre Burgkhammer, tief im Thüringer Schiefergebirge, hat die jahrhundertealte Bausubstanz die Zeiten überstanden. Der ursprüngliche Palas ist ebenso erhalten wie der Wehrturm und die beiden steinernen Brücken, die in den inneren Ring und zum Palas führen.

26 **Anfahrt**
Bhf. Neustadt/Orla, dann Bus 820, Umstieg Schleiz in Bus 611
Per Auto: A 9, Ausfahrt Schleiz, dann Richtung Saalburg

Die gesamte Szenerie wirkt geradezu märchenhaft. Das hat auch die Verantwortlichen beim ZDF überzeugt. Bei einer der jüngsten Produktionen wandelte die Schauspielerin Jella Haase als Prinzessin Luise durch das Schloss Burgk und bekam am Ende der Märchenverfilmung „Die Goldene Gans" ihren Till.

Die heutige Pracht verdankt das Schloss seiner langen Geschichte. 1365 wurde die Burg als wettinisches Lehen der Vögte von Gera an den Deutschen Orden erstmals erwähnt. Es wird jedoch vermutet, dass schon in spätfränkischer Zeit an dieser Stelle eine Wehranlage stand und die Burg bereits im 12. Jahrhundert errichtet wurde.

1390 gelangte die Burg wieder in den Besitz der Vögte von Gera. Schon ein paar Jahre später schien sie deren Ansprüchen jedoch nicht mehr genügt zu haben, denn in einem Schriftstück von 1403 heißt es: „do brach der edell herr Heinrich (VII.) von Gera ein altes schlosz, das hier stundt, abe und hub ... an von neues zu bauen."

Aus dem frühen 15. Jahrhundert stammt daher auch ein Teil der noch erhaltenen Substanz. Heute gilt die Anlage als einzige Thüringens, die ihre spätmittelalterliche Bausubstanz beziehungsweise die Kernburg in Gänze erhalten hat. So entstand 1403 der massive Steinbau des Palas, der bis heute das Hauptgebäude der Anlage bildet. Auch der untere Bereich der Mauer ist aus jener Zeit. Mit dem Bau des Ost- und des Nordflügels unter der Herrschaft von Heinrich II. Reuß von Plauen zu Burgk entstand eine geschlossene Anlage, deren Räumlichkeiten, wie etwa die Kapelle, eine barocke Ausstattung erhielten. Zwischen 1596 und 1640 sowie zwischen 1668 und 1697 war Reuß-Burgk gar eine eigenständige Herrschaft. Den Dreißigjährigen Krieg überstand die Anlage unbeschädigt.

Nach 1697 diente das Schloss Heinrich XIII. Graf Reuß zu Untergreiz als Jagd- und Sommersitz. Dessen Sohn Heinrich III. ließ die Anlage umfassend modernisieren. Der Ostturm wurde abgetragen und die

Der **Rittersaal** ist der älteste und zugleich größte Saal im Schloss Burgk

Öffnungszeiten
Apr.–Okt.
Di–So, Feiertage 10–18 Uhr
Nov.–März
Di–So, Feiertage 11–16 Uhr
24./25./31.12. geschlossen

Nutzung als Jagd- und Sommersitz

Erwähnung der Burg
als wettinisches Lehen
der Vögte von Gera

| 1200 | 1300 | **1365** | 1400 | 1500 | 1600 | **1697** | 1700 |

Vorderfront erneuert, und es erfolgten weitere Umbauten.

In diesem Zusammenhang wurde 1739 beim Abriss des zweiten Torhauses in einer kleinen Kammer ein mumifizierter Hund gefunden, der ursprünglich wohl als Bauopfer diente. Das Tier ist heute am Burgeingang hinter einer Glasscheibe ausgestellt.

Ebenfalls im Rahmen der barocken Umbauten fertigte der bekannte Orgelbauer Gottfried Silbermann zwischen 1742 und 1743 eine Orgel für die Schlosskapelle an. Heinrich III. ließ auch einen Garten im französischen Stil anlegen. Mitte des 18. Jahrhunderts wurde inmitten des Parks der spätbarocke Pavillon Sophienhaus errichtet. Das achteckige, eingeschossige Gebäude diente als Schallhaus für Musikaufführungen. Die gesamte Anlage fungierte nun als Lustschloss. Daran änderte sich auch

Das barocke **Prunkzimmer** stammt aus dem 18. Jahrhundert

Bau der Silbermann-Orgel	Sanierung der Schlosskapelle
	Museum erhält den Kultur-preis des Landes Thüringen
	Eröffnung des Museums

| 1742–1743 | 1800 | 1900 | 1952 | 1999 | 2000 | 2018 |

nichts, als sie an Graf Heinrich XI. Reuß zu Obergreiz fiel, der 1778 in den Reichsfürstenstand erhoben wurde.

Nach dem Thronverzicht der Reußen im Jahr 1918 blieb die Anlage zunächst noch in Adelshand. Gegen Ende der NS-Zeit drohte dem Schloss die abgeschiedene Lage zur ernsten Gefahr zu werden. Wie berichtet wird, wollte ein hoher SS-Stab Dokumente und Akten aus dem Reichssicherheitsamt in Berlin hier verstecken. Als die Front näher rückte, sollte das Material durch Sprengung des Schlosses vernichtet werden. Ein einstweiliger Frontstillstand rettete die Anlage, auf der drei Tage und Nächte lang Dokumente verbrannt worden sein sollen. Außerdem bot das Schloss in jener Zeit Flüchtlingen aus den ehemaligen deutschen Ostgebieten Unterschlupf.

Auch das **Sophienhaus** im Schlosspark erinnert an die Zeit, in der die Anlage als Lustschloss fungierte

Zu den gut erhaltenen Räumen gehört die **Schlossküche**

Die Eigentümer wurden nach dem Zweiten Weltkrieg enteignet und die Anlage ab 1952 der Öffentlichkeit zugänglich gemacht. Noch im selben Jahr eröffnete ein Museum in den historischen Gemäuern. 1953 fand das erste öffentliche Konzert auf dem Schloss statt, und seither haben bei über tausend Konzerten Musiker und Ensembles aus aller Welt für mehr als eine halbe Million Gäste musiziert.

Bis heute spielt Kultur auf dem Schloss eine herausragende Rolle. Neben der Dauerausstellung in den historischen Wohn- und Schauräumen werden Wechselausstellungen unter anderem mit moderner Kunst gezeigt. Auch Teile einer Exlibris- und Künstlerbuch-Sammlung werden regelmäßig in themen-

Der barocke **Kleine Saal** wird für Veranstaltungen genutzt

Die Orgel in der **Schloss-kapelle** stammt von dem renommierten Orgelbauer Gottfried Silbermann

orientierten Sonderausstellungen präsentiert. Für die Ausstellungstätigkeit erhielt das Museum 1999 den Kulturpreis des Landes Thüringen. Neben Konzerten und Theateraufführungen locken auch Feste und Märkte in das historische Ambiente – etwa der Weihnachtsmarkt oder ein Märchenfest im Sommer. Zudem kann man nach Voranmeldung das Spiel der Silbermann-Orgel genießen.

Rings um das Schloss lässt sich die herrliche Umgebung erkunden. Gleich an den Sophienpark schließt sich ein Naturlehrpfad an. Hier lässt es sich wunderbar durch das geradezu märchenhaft anmutende Thüringer Schiefergebirge an der Oberen Saale wandern.

Adresse
Burgk 17
07907 Burgk
03663 – 400119 / 421689
www.schloss-burgk.de

Ostthüringen

Burg Ranis

Am Rand der Orlasenke – benannt nach dem Fluss, der durch dieses Tal fließt – erheben sich sogenannte Riffe in die Höhe. Von ihnen reicht der Blick weit über das Land. Kein Wunder, dass auf einer ganzen Reihe dieser Felsen Burgen stehen. Eine der ältesten, schönsten und interessantesten Festungen dieser Region erhebt sich über der Kleinstadt Ranis.

27 **Anfahrt**
Bhf. Krölpa-Ranis, dann
Bus 965, 966
Per Auto: A 9, Ausfahrt
Triptis, dann B 281,
Ausfahrt L 1104 oder
L 2367

Die Besiedlungsgeschichte des Felsens, der als befestigter Zentralort des keltischen Siedlungsraums in der Orlasenke gilt, reicht bis in die Altsteinzeit zurück. So wurde ein Friedhof aus jener Zeit mit seinen reich ausgestatteten Gräbern am unmittelbar benachbarten Preißnitzberg entdeckt. Auf dem Burgberg selbst wurde außerdem karolingische Keramik aus dem 9. Jahrhundert gefunden.

Die mittelalterliche Burg auf dem Felsen gelangte wohl bereits Ende des 11. Jahrhunderts in den Besitz von Wiprecht von Groitzsch. Damit begann eine wechselvolle Geschichte. Die Burg fiel mit den Saalfelder Besitzungen an Kaiser Friedrich I., genannt Barbarossa. Sie nahm dabei als Grenzfeste gegen

die Slawen eine bedeutende Stellung im Saale-Orla-Gau ein. Die erste urkundliche Erwähnung der Festung erfolgte 1199. Nachdem sie zwischenzeitlich dem Thüringer Landgrafen Hermann I. übertragen worden war, gelangte die Burg 1208 – zunächst per Pfändung – in den Besitz der Grafen von Schwarzburg. Nach der offiziellen Belehnung übernahm Graf Heinrich II. von Schwarzburg die Burg. Er gilt als Stammvater der Grafen und Fürsten von Schwarzburg und unterstützte in jener Zeit den späteren König Philipp von Schwaben aus dem Geschlecht der Staufer bei dessen Kampf um die Vormacht im Heiligen Römischen Reich. 1228 ging Heinrich II. zudem an der Seite des Stauferkaisers Friedrich II. auf Kreuzzug nach Palästina.

Teile des runden Bergfrieds weisen heute noch auf die Zeit um 1200 hin. So stammen die vier unteren Geschosse aus dieser romanischen Phase der Bebauungsgeschichte. Unter der Regentschaft der Schwarzburger wurde die Burg ausgebaut. In dieser Zeit bekam die dem Bergrücken angepasste, lang gestreckte Anlage mit Vorburg wahrscheinlich ihre spätere Grundform. Ende des 14. Jahrhunderts traten die Schwarzburger Grafen Burg Ranis an die Herzöge von Sachsen ab. Herzog Wilhelm III. aus dem Hause der Wettiner heiratete hier 1463 nach dem Tod seiner Frau Anna von Österreich seine langjährige Mätresse Katharina von Brandenstein. Um die nicht standesgemäße Ehe zu stärken, schenkte der Herzog die Burg Ranis der Familie von Brandenstein. Diese führte den Ausbau der Anlage weiter, und über dem Tor ist bis heute das Wappen der Familie zu sehen.

Im Dreißigjährigen Krieg entging die Burg nur knapp einem Angriff marodierender Soldaten. 1571 mussten die Brandensteins die Burg an die Herren von Breitenbuch verkaufen. Das Thüringer Adelsgeschlecht bezog hier seinen Hauptsitz, und für lange Zeit kehrte Ruhe in die Besitzverhältnisse der Anlage ein.

Die Breitenbuchs begannen den Umbau der Festung zu einem schmucken Schloss. Nur wenige Jahrzehnte nach dem Erwerb der Anlage brannten die

Der Kaiser des römisch-deutschen Reiches **Friedrich I.**, genannt Barbarossa (um 1122–1190), gehörte zu den ersten Besitzern der Burg (Christian Siedetopf, 1847)

Wilhelm III., auch der Tapfere genannt, Herzog von Sachsen (1425–1482), heiratete hier seine Mätresse (Antoni Boys)

Öffnungszeiten
Apr.–Okt.
Di, So, Feiertage 10–17 Uhr
Nov.–März
Sa, So, Feiertage 13–17 Uhr

| 1084 | 1100 | 1200 | 1208 | 1300 | 1389 | 1400 | 1463 | 1500 | 1571 |

Verkauf an die Herren von Breitenbuch

Ersterwähnung der Burg

Abtretung an
die Herzöge von
Sachsen

Die Grafen von
Schwarzburg werden
neue Besitzer

Übertragung
an die Familie
von Branden-
stein

Burg Ranis auf einem
Stich von 1839

Gebäude um die Kernburg nieder. Ein guter Anlass
für die neuen Herren, beim Wiederaufbau dem Südflügel ein repräsentatives Gesicht zu geben. Nach
und nach bekam die Burg ihre heutige Gestalt. Mitte
des 17. Jahrhunderts wurde etwa das Tor überbaut
und mit einem Giebel betont. Außerdem wurde der
Treppenturm aufgestockt und das Dachgeschoss
mit seinen markanten Zwerchhäusern und den ge-
schweiften Giebeln aufgesetzt. Dem historistischen
Zeitgeist folgend, wurde die heute so genannte Bran-
densteinhalle im ersten Obergeschoss 1886 im Stil
der Renaissance ausgebaut. Ebenfalls im 19. Jahrhundert wurde die Burgkapelle abgetragen, heute
befindet sich an ihrer Stelle eine Terrasse.

Bereits 1926 richtete Dietrich von Breitenbuch ein
Museum auf der Burg ein. 1942 endete allerdings

Wiedereinrichtung des Museums durch die Stadt

Verkauf an das Rote Kreuz

Einrichtung eines Museums

| 1600 | 1700 | 1800 | 1900 | **1926** | **1942** | **1956** | 2000 |

die Zeit der Adelsgeschlechter auf der Anlage: Der Burgherr verkaufte sie an das Deutsche Rote Kreuz. Das Museum wurde 1956 durch die Stadt Ranis als Heimatmuseum wiedereröffnet und informiert bis heute über die Geschichte der Burg und der Region. Inzwischen gehört die Burg zum Bestand der Stiftung Thüringer Schlösser und Gärten.

In der Dauerausstellung über die Geologie des Orlatals erfährt der Besucher, dass die gesamte Region dereinst von einem Meer bedeckt war. Auf einem der schroffen Riffe steht heute die Burg. Auch die eiszeitlichen Funde sind zu bewundern, schließlich war die Gegend bereits vor weit mehr als zehntausend Jahren Lebensraum für Gruppen von Sammlern und Jägern. Steinwerkzeuge aus verschiedenen Epochen, Kunstgegenstände und Knochengeräte geben Einblicke in den Lebensalltag der damaligen

Ihr heutiges Gesicht erhielt die **Burg Ranis** vorwiegend im 17. Jahrhundert

Von der Burg geht der Blick über die **Orlasenke**

Menschen. Vor allem die Ilsenhöhle unter der Burg Ranis ist berühmt für ihre besonders schön gearbeiteten Steinwerkzeuge. Die Werkzeugfunde sind von großer Bedeutung, belegen sie doch das Verschwinden des Neandertalers und das Auftreten des modernen Menschen in Mitteleuropa.

Das **Burgverlies** kann heute besichtigt werden

Weithin bekannt ist die geschichtsträchtige Anlage aber auch als Ort zeitgenössischer Kultur. Für die Kinofassung des Kinderklassikers „Löwenzahn" geisterte etwa Filmstar Dominique Horwitz als Bösewicht Roman Zenkert durch die Gemäuer der mittelalterlichen Burg. Und zu den Literatur- und Autorentagen kommt seit 1997 viel Prominenz auf die Burg Ranis. So waren bereits Katharina Thalbach, Sven Regener, Denis Scheck, Andrea Sawatzki, Iris Berben, Heinz-Rudolf Kunze, Saša Stanišić und Nora Gomringer zu Gast.

Jenseits solcher Highlights können die Besucher natürlich auch die Gebäude besichtigen – etwa die Höfe der Inneren Vorburg und der Kernburg sowie den Hungerturm und die Burgküche. Neben der großen Geschichte beeindruckt auch der einzigartige Blick, den man von der Terrasse am Würzgärtchen über die weite Orlasenke hat.

Adresse
07389 Ranis
03647 – 505491
www.thueringer-
schloesser.de

Sommerpalais Greiz

Wer zum ersten Mal nach Greiz kommt, wird leicht von der Pracht der Stadt überwältigt. Die „Perle des Vogtlands" kann eine reichhaltige Geschichte als Residenzstadt und mit dem Sommerpalais ein echtes frühklassizistisches Kleinod inmitten allerlei anderer historisch bedeutsamer Bauten vorweisen. Das liegt nicht zuletzt daran, dass Greiz geradezu der Inbegriff Thüringer Kleinstaaterei ist.

28 **Anfahrt**
Bhf. Greiz, dann 10 Min. Fußweg
Per Auto: A 4, Ausfahrt Ronneburg, Schmölln, Gera oder A 9, Ausfahrt Lederhose, Triptis, Dittersdorf, Schleiz oder A 72, Ausfahrt Treuen, Reichenbach, dann B 94 oder B 92

Mitte des 18. Jahrhunderts suchte der Graf und spätere Fürst Heinrich XI. Reuß zu Obergreiz nach einem „Maison de belle retraite" (Haus der schönen Zuflucht), um sich vom anstrengenden Hofalltag zurückziehen zu können. Er fand diesen Rückzugsort im Lust- und Küchengarten in der Elsteraue unterhalb des Schlossbergs. Und so ließ der Fürst 1769 im Tal an der Stelle eines kleineren Vorgängerbaus ein prächtiges Gebäude nach dem Vorbild zeitgenössischer französischer Baukunst errichten: das Sommerpalais.

Heinrich XI. ließ bereits 1778 die Innenausstattung seines Schlösschens überarbeiten, nachdem er

Der reich stuckierte **Festsaal** findet sich im Obergeschoss des Greizer Sommerpalais

in den Reichsfürstenstand erhoben wurde. Mit dem neuen Titel ging ein erheblicher Prestigegewinn einher, der auch repräsentiert werden sollte. So wurde etwa im Gartensaal im Erdgeschoss, in dem im Winter die kälteempfindlichen Orangeriepflanzen Schutz fanden, zu Konzerten und Theateraufführungen geladen. Darstellungen von Musikinstrumenten und Theatermasken im Stuck weisen noch heute darauf hin. Im Obergeschoss ließ Heinrich einen prachtvollen und reich stuckierten Festsaal einrichten.

Auch das Areal rund um das Sommerpalais wurde aufgewertet, indem der Lust- und Küchengarten neu gestaltet und nach Norden hin erweitert wurde. Mit den geschlängelten Wegen und den kleinen Kabinetten erinnerte die Anlage an die Formensprache des Rokoko, sie enthielt aber auch bereits Elemente des Landschaftsgartens. Ein Hochwasser der Weißen Elster zerstörte 1799 diesen Obergreizer Lustgarten. Ab

Öffnungszeiten
Apr.–Sept.
Di–So 10–17 Uhr
Okt.–März
Di–So 10–16 Uhr
Geschlossen am 01.01.,
24./25./31.12

Der **Greizer Park** wurde
im 19. Jahrhundert umge-
staltet

1800 entstand an seiner Stelle ein Landschaftspark
nach englischem Vorbild.

Mit der Industriellen Revolution kam der nächste
Einschnitt für den Park: In der aufstrebenden Stadt
Greiz sollte 1872 eine Eisenbahnlinie gebaut werden – ursprünglich quer durch den herrschaftlichen
Park. Der amtierende Fürst Heinrich XXII. von Reuß
zu Greiz lehnte dies jedoch entschieden ab. Die
Trasse wurde schließlich entlang der östlichen Park-
grenze, durch den Schlossberg hindurch und über
die Weiße Elster geführt. Der Fürst drängte auf
einen Plan zur Wiederherstellung der vom Eisen-
bahnbau betroffenen Parkbereiche. Mit dem Geld
der Eisenbahngesellschaft und nach den Plänen
des Pückler-Schülers Carl Eduard Petzold gestalte-
te schließlich Rudolph Reinecken den Park um. Auf
ihn gehen etwa eine kleinräumigere Gliederung und
eine größere Vielfalt an Pflanzenarten, -farben und
-formen zurück. Besonders sehenswert sind das Pine-
tum, eine Sammlung einheimischer sowie exotischer
Nadelgehölze, und der Binsenteich in der Mitte der
Grünanlage.

Zerstörung des Obergreizer Lustgartens durch Hochwasser, anschließender Wiederaufbau als Landschaftspark				Eröffnung der Staatlichen Bücher- und Kupferstichsammlung		Sanierung
	Überarbeitung des Parks nach dem Eisenbahnbau					
1799	1800	**1872**	1900	**1922**	2000	**2005–2011**

Wer heute durch den Park schlendert, sieht das majestätische Obere Schloss auf dem Berg über der Stadt thronen. Wie der Name erahnen lässt, gibt es in Greiz außerdem noch ein Unteres Schloss. Die Entwicklung beider Anlagen ist eng mit dem Haus Reuß verbunden. Das Herrschergeschlecht, das auf die Vögte von Plauen zurückgeht, baute in der bis heute Vogtland genannten Region eine größere Herrschaft auf. Sämtliche männliche Familienmitglieder des Hauses Reuß führten und führen übrigens den Vornamen Heinrich. 1564 spalteten die Reußen ihr Herrschaftsgebiet im Rahmen einer Erbteilung. Es entstanden die Häuser Reuß älterer Linie, Reuß mittlerer Linie und Reuß jüngerer Linie. Während die mittlere Linie im 17. Jahrhundert ausstarb und ihr Gebiet den beiden anderen Linien zugeteilt wurde, erfuhren die anderen beiden Linien viele weitere Teilungen. So

Im **Küchenhaus** befindet sich heute ein Café

entstanden Klein- und Kleinstgebiete. In Greiz selbst gab es für Generationen die Herrschaftsgebiete Obergreiz mit der Residenz im Oberen Schloss und Untergreiz mit der Residenz im Unteren Schloss.

Die Geschichte des Oberen Schlosses geht wohl bis ins 12. Jahrhundert zurück. Bei Restaurierungsarbeiten wurde eine Doppelkapelle entdeckt, die auf diese Entstehungszeit hinweist. Die erste urkundliche Erwähnung stammt aus dem Jahr 1209, als die Burgmannen von Greiz genannt werden. Das Obere Schloss wurde für Jahrhunderte zur Reußischen Residenz und immer wieder umgebaut oder erweitert. Deswegen finden sich in der Anlage architektonische Elemente aus den unterschiedlichsten Zeiten – von Romanik über Gotik, Renaissance, Barock bis zu Rokoko. Heute beherbergt ein Teil des Oberen Schlosses die Dauerausstellung „Vom Land der Vögte zum Fürstentum Reuß älterer Linie".

Das Untere Schloss ließ Graf Heinrich III. Reuß von Plauen zu Greiz, genannt der Ältere, nach der erwähnten Erbteilung im Jahr 1564 neben der heutigen Kirche St. Marien errichten. Heinrich XI., der Erbauer des Sommerpalais, war es schließlich, der den Greizer Besitz in die Grafschaft und das spätere Fürstentum Reuß älterer Linie überführte. Nachdem das Untere Schloss bei einem verheerenden Stadtbrand im Jahr

Blick auf **Greiz** mit dem Oberen Schloss und das **Sommerpalais** im Jahr 1838 (C. Werner)

1802 stark in Mitleidenschaft gezogen worden war, ließ der damals regierende Fürst Heinrich XIII. es im klassizistischen Stil wiederaufbauen. Bis heute gilt es als geschlossenes Ensemble der Residenzarchitektur des 19. Jahrhunderts und beherbergt inzwischen unter anderem ein Museum, die Touristeninformation und ein Café.

Nach der Novemberrevolution 1918 dankten auch die Reußen ab. Im Sommerpalais ließen sie keine Möbel oder anderen Ausstattungsstücke zurück. 1922 wurde dort die Staatliche Bücher- und Kupferstichsammlung eröffnet, und so stammt die heutige Möblierung der Beletage zum großen Teil aus dem 20. Jahrhundert. Das Gebäude wurde 2005 bis 2011 bei laufendem Betrieb saniert. Nun lockt die Sammlung mit ihren historischen Landkarten und Schlachtenplänen, den Karikaturen aus dem 18. und 19. Jahrhundert sowie der zeitgenössischen Karikaturensammlung „Satiricum" wieder Besucher in das prächtige Sommerpalais und den Fürstlich Greizer Park.

Adresse
Parksommerpalais 1
07973 Greiz
03661 – 70580
www.sommerpalais-greiz.de

Kloster Mildenfurth, Wünschendorf

Im kleinen Ort Wünschendorf im Thüringer Vogtland scheint es, als würden die Uhren langsamer ticken. Der Ort gilt als Pforte zum Elstertal und ist beliebt bei Wanderern, Radlern und Paddlern, die diese Ecke des Vogtlandes erkunden wollen. Sehenswert ist nicht zuletzt eine Kloster- und Schlossanlage, die auf eine wahrhaft bewegte Vergangenheit zurückblickt – und zudem auch ganz moderne Schätze zu bieten hat.

29 Anfahrt
Bhf. Wünschendorf, dann 20 Min. Fußweg
Per Auto: A 4, Ausfahrt Gera oder A 9, Ausfahrt Triptis, dann B 281, B 2 und B 175

Der Schlossgarten des alten Klosters Mildenfurth am Ortsrand von Wünschendorf dient heute als Skulpturengarten. Die beeindruckenden Figurengruppen stammen von Volkmar Kühn. Der Bildhauer gilt als einer der bedeutendsten zeitgenössischen Künstler Thüringens. Er wurde in Königsee im heutigen Landkreis Saalfeld-Rudolstadt geboren, absolvierte eine Lehre zum Kerammodelleur und studierte unter Hellmuth Chemnitz in der Abteilung Plastik der Fachschule für angewandte Kunst in Leipzig.

Nachdem Kühn einige Zeit als freischaffender Künstler in der damaligen Bezirksstadt Gera verbrachte, lebt er seit 1968 auf dem Areal des ehemaligen

Klosters Mildenfurth. Nach und nach verwandelte er den verwunschenen Schlossgarten in ein offenes Ausstellungsareal. Der Künstler und seine Arbeiten sind bekannt für eine unverwechselbare figurative Ästhetik. Im Skulpturenpark stehen Menschen mit Pferdeköpfen, Bischöfe, Reiter zu Pferde, Schlangenmenschen – die androgynen, nackten Figuren mit ihren langen Armen und Fingern haben oft einen Bezug zur spannenden Historie des Orts.

Im Jahr 1193 stifteten der Vogt Heinrich II. von Weida, genannt der Reiche, und seine Frau Berta das Kloster als Hauskloster und Grablege. Zwischen 1200 und 1250 wurde die Klosterkirche als dreischiffige kreuzförmige Pfeilerbasilika mit Staffelchor erbaut. Die ersten Chorherren aus dem Prämonstratenserorden kamen aus dem Kloster Unser Lieben Frauen in Magdeburg. Im 15. Jahrhundert mussten die Vögte von Weida das Kloster an die Markgrafen von Meißen verkaufen. Bei einer Erbteilung 1485 fiel es schließlich an die ernestinische Linie.

Mit der Reformation begann der Niedergang des Klosterbetriebs, auch wenn die Chorherren noch eine Weile vor Ort blieben. 1529 wurde der ehemalige Klosterbesitz kurfürstlichen Beamten unterstellt. Mit dem Coburger Festungshauptmann Matthes von Wallenrod erwarb 1544 ein Berater von Kurfürst Johann Friedrich I. von Sachsen das Kloster. Etwa 1556 ließ er die Kirche zu einem Schloss im Renaissancestil umbauen. Vom Gotteshaus und seinem Innern blieb nur das stehen, was sich in die Pläne des neuen Schlossherrn einfügte.

So wurde für den Schlossbau eine Turmanlage am Westende des Ensembles abgebrochen, das Kirchenportal jedoch in die neu entstehende Schlossmauer integriert. Die Außenwände des Hauptchors, des Querhauses und zweier Joche des Mittelschiffs wurden ebenfalls für das Schloss verwendet. Der Schlossturm basiert auf der früheren Vierung der Kirche. Der südliche Nebenchor nahm die Schlossküche auf, und die früheren Querschiffe und der Chor erhielten mit Schmuckgiebeln ausgestattete Zwerchhäuser. Auch im Innern blieben Teile der alten Klosterkirche erhalten. Um das Schloss wurde eine etwa sechs Meter

Tor zum Kloster Mildenfurth

Öffnungszeiten
Besichtigung nach
Vereinbarung

		Verkauf des Klosters
Stiftung des Klosters durch Vogt		an die Markgrafen
Heinrich II. von Weida und seine		von Meißen
Frau Berta		
	Bau der Klosterkirche	

| 1100 | **1193** 1200 **1200–1250** | 1300 | 1400 | 1500 |

hohe Mauer einschließlich Wehrgang, Schießscharten und Türmen errichtet.

Damit entstand eine Anlage, die deshalb bauge-
schichtlich von Belang ist, weil sie Elemente zweier
ganz unterschiedlicher Bauzeiten in sich vereint. Die
daraus resultierende gestalterische Vielfalt im Innern
wie im Äußeren macht den besonderen Reiz von
Kloster und Schloss Mildenfurth aus.

Zu Beginn des 17. Jahrhunderts erwarben die alber-
tinischen Wettiner das Schloss, es fungierte nun als
Teil eines Kammerguts und Sitz kurfürstlicher Amts-

Der Künstler Volker Kühn
machte den **Schloss-
garten** zum Ausstellungsareal

Umbau der Kirche zum Schloss im Renaissancestil			Beginn der Sicherungs- arbeiten am Hauptgebäude
		Das Schloss wird wettinisches Kammergut	
ca. 1556	1600	1700	1800	1900	**1989**

Kloster Mildenfurth auf einer Postkarte von 1906

Die **Klostergemäuer** weisen Spuren verschiedener Bauphasen auf

behörden. Nach zeitweiliger preußischer Verwaltung war das Gut von 1816 bis zum Ende des Ersten Weltkriegs 1918 Teil des Großherzogtums Sachsen-Weimar-Eisenach. Danach ging das ehemalige Kloster in den Besitz des Landes Thüringen über. Es wurde in der Folge auf verschiedene Arten genutzt, etwa als Altersheim und als Obstlager. 1989 begannen Sicherungsarbeiten am Hauptgebäude, 1996 übernahm die Stiftung Thüringer Schlösser und Gärten das Areal und ließ weitere Instandsetzungsarbeiten durchführen.

Heute macht die beeindruckende Anlage vor allem als Ort der Kultur von sich Reden. Das liegt nicht nur an Volkmar Kühn, seinen beeindruckenden Skulpturen und der Tatsache, dass der Künstler hier mit seiner Frau, der Grafikerin Marita Kühn-Leihbecher, in einem zum Künstlerhaus umgebauten Stallgebäude auf dem Gelände lebt. Zum Stellenwert Mildenfurths als künstlerisches Zentrum trägt auch bei, dass der Arbeitskreis „Kunst und Kultur Kloster Mildenfurth" regelmäßig Konzerte, Theateraufführungen und Buchlesungen im historischen Ambiente veranstaltet.

Adresse
Am Kloster Mildenfurth 1A
07570 Wünschendorf/Elster
036603 – 88245
www.kloster-mildenfurth.de

Burg Posterstein

Der Name dieser Burg klingt ein wenig plakativ. Doch natürlich geht das Wort Posterstein nicht auf die großen Werbeträger zurück, sondern vielmehr auf einen früheren Besitzer der Anlage. Trotz alledem macht die barocke Burg auf einer Anhöhe im Altenburger Land ihrem Namen alle Ehre: Sie sieht aus wie gemalt.

30 Anfahrt
Bhf. Nöbdenitz, dann
Bus 355
Per Auto: A 4, Ausfahrt
Ronneburg

Lange bevor die Burg Posterstein ihren klingenden Namen bekam, war die Region im heutigen Altenburger Land slawisches Siedlungsgebiet. Im 12. Jahrhundert sicherte Kaiser Friedrich I., genannt Barbarossa, seine Macht, indem er Gefolgsleute in den Ritterstand erhob. Sie sollten die Neubesiedlung anführen, auf die Einhaltung des deutschen Rechts achten, Abgaben eintreiben und Feinde abwehren. Im Zuge dessen wurden Wälder gerodet, und es entstand ein dichtes Netz von Dörfern. Zum Schutz der

Ländereien wurden Burgen erbaut – solche wie die Burg Posterstein.

1191 tauchte das spätere Posterstein erstmals in einer Urkunde als Besitz von Gerhard von Nöbdenitz und seiner Mutter „Mechthilde de Steinne" auf. Im 14. Jahrhundert wurden die Burg und die Ortschaft zu ihren Füßen ein Reichslehen der Reußischen Vögte. 1442 kauften die Herren Puster die Burg samt Ländereien. Der Preis war der Überlieferung nach „800 Schock guter Freiberger Münze". Dem Ruf in den Kriegsdienst folgend, zog Jan Puster 1474 gerüstet und hoch zu Pferde nach Leipzig und wurde dort als „Postern zum Steine" bezeichnet. Dies ist wohl der Ursprung des Namens Posterstein.

Die Herren Puster galten im Volk als harte Herrscher. Davon kündet bis heute eine Sage. Ihr zufolge fehlte es auf der Burg Posterstein von jeher an Trinkwasser. Das Wasser aus dem Sprottenbache im Dorf eignete sich nicht zum Trinken, weshalb das Wasser meilenweit herbeigeholt werden musste. Das strenge Rittergeschlecht von Puster war indes bei den Bauern so gefürchtet, dass viele Haus und Hof verließen. Wer bei Fischfang, Feld- oder Wilddieberei erwischt wurde, landete im Burgverlies. So traf es auch einen Bauern, der sich trefflich auf das Wassersuchen mit der Haselrute verstand. Für seine Freiheit versprach der Mann, dem Ritter eine Wasserquelle zu zeigen. Zunächst wollte der Ritter davon nichts wissen. Doch dann siegte die Neugierde, ob der Gefangene sein Versprechen halten könne. Und tatsächlich führte der Bauer den Ritter zu einer verborgenen Quelle in einem nahe gelegenen Wald, die silberklar aus dem Felsen rann. Der Ritter hielt Wort, und der Bauer bekam die Freiheit. Bis heute fließt das frische Trinkwasser aus jener Quelle nach Posterstein.

Mitte des 16. Jahrhunderts übernahm die Familie von Pflugk die Anlage. Bald kam es zu größeren Umbauarbeiten an der Burg und den Wirtschaftsgebäuden. Nun ging es vordergründig nicht mehr um den Wehrcharakter, sondern um Wohnlichkeit und Repräsentanz für die Besitzer. So wurde etwa die Kirche mit kunstvollem Holzschnitzwerk ausgestattet.

Das **Angstloch** im Bergfried von Schloss Posterstein lehrte Straftätern das Fürchten

Öffnungszeiten
März–Okt.
Di–Sa 10–17 Uhr
So, Feiertag 10–18 Uhr
Nov.–Feb.
Di–Fr 10–16 Uhr
Sa, So, Feiertag 10–17 Uhr

Nach Beschädigungen im Dreißigjährigen Krieg wurde das Obergeschoss ersetzt, und der heutige repräsentative Treppenaufgang entstand. Daneben bekamen die Türme achteckige Hauben und das Schloss einen Zugang über eine steinerne Brücke sowie ein neues Portal.

In der Folge renovierten und verschönerten die wechselnden Burgherren die Wohnräume, ließen den Burgfried mit einer Turmstube aufstocken und

Die **Treppe** wurde im Zuge weitreichender Umbauarbeiten im 17. Jahrhundert angelegt

Die Burg Posterstein
im Jahr 1838

den – inzwischen wieder abgerissenen – Nordflügel
verschönern. Trotzdem verfiel die Anlage Schritt für
Schritt, sodass bereits 1937 erste Sicherungsmaß-
nahmen durch den Denkmalschutz veranlasst wurden.

Nach dem Ende des Zweiten Weltkriegs wurden die
Besitzer der Burg und des dazugehörigen Ritterguts
enteignet. Zunächst fanden Flüchtlinge aus den ehemaligen deutschen Ostgebieten hier eine vorüber-
gehende Bleibe. Schließlich wurde 1952 in der Burg
ein Museum eröffnet und 1956 im benachbarten

Im **Gerichtszimmer**
wurden unter anderem
Delinquenten abgeurteilt

Im **Gerichtszimmer**
wurden unter anderem
Delinquenten abgeurteilt

Herrenhaus ein Kinderheim eingerichtet. Nachdem schon in der DDR umfangreiche Sanierungsarbeiten an der Burg erfolgt waren, wurde das Museum 1991 mit einem völlig neuen Konzept wiedereröffnet.

Heute findet der Besucher hier eine ganze Reihe von faszinierenden Räumen und Schauobjekten. In die Geschichte der Burg führt etwa das Gerichtszimmer. Es zeigt, wie die Herren in den alten Zeiten Recht sprachen. Sie hatten sowohl die sogenannte Niedere Gerichtsbarkeit inne, die etwa Erb-, Vormundschafts- und Vertragsangelegenheiten betraf, als auch die Hohe Gerichtsbarkeit mit dem „Recht, über Hals und Hand zu richten" und Sünder ins Gefängnis oder an den Pranger zu bringen.

Das **Herrenhaus** auf dem Areal der Burg diente in der zweiten Hälfte des 20. Jahrhunderts als Kinderheim

Was es seinerzeit bedeutete, im Gefängnis zu landen, erahnt der Besucher beim Blick in das „Angstloch". Wie häufig in deutschen Burgen befand sich das so bezeichnete Verlies im Untergeschoss des

Bergfrieds. Dort musste der Delinquent auf grob behauenem Untergrund seine Strafe verbüßen, mitunter gar in Hand-, Hals- oder Fußeisen gelegt.

Doch auch die angenehmen Aspekte vergangener Zeiten werden im Museum gezeigt. Einen Schwerpunkt bildet der Musenhof der Herzogin Anna Dorothea von Kurland, der im nahe gelegenen Schloss Löbichau um 1800 als ein Zentrum des europäischen Salonlebens galt. Besondere Aufmerksamkeit schenkt das Museum auch einem anderen berühmtem Bewohner Postersteins: Der Schriftsteller Rudolf Ditzen, besser bekannt unter seinem Pseudonym Hans Fallada, machte hier eine Ausbildung zum Landwirt. Kinder können die Burg regelmäßig bei besonderen Führungen erkunden – zusammen mit Burggespenst Posti und Burgdrache Stein. So wird die Burg ihrem klangvollen Namen in jeder Hinsicht gerecht.

Adresse
Burgberg 1
04626 Posterstein
034496 – 22595
www.burg-posterstein.de

Register der Orte und Schlösser

Register der Personen